｜光明社科文库｜

创建铸牢中华民族
共同体意识示范市研究

以百色市边境地区为例

黄兴忠　黄梅珍　徐魁峰◎著

光明日报出版社

图书在版编目（CIP）数据

创建铸牢中华民族共同体意识示范市研究：以百色市边境地区为例 / 黄兴忠，黄梅珍，徐魁峰著 . -- 北京：光明日报出版社，2023.5

ISBN 978 - 7 - 5194 - 7268 - 9

Ⅰ.①创… Ⅱ.①黄…②黄…③徐… Ⅲ.①中华民族—民族意识—研究—百色 Ⅳ.①C955.2

中国国家版本馆 CIP 数据核字（2023）第 096218 号

创建铸牢中华民族共同体意识示范市研究：以百色市边境地区为例

CHUANGJIAN ZHULAO ZHONGHUA MINZU GONGTONGTI YISHI
SHIFANSHI YANJIU：YI BAISESHI BIANJING DIQU WEILI

著　者：黄兴忠　黄梅珍　徐魁峰		
责任编辑：刘兴华	责任校对：宋　悦　张月月	
封面设计：中联华文	责任印制：曹　净	

出版发行：光明日报出版社

地　　址：北京市西城区永安路 106 号，100050

电　　话：010 - 63169890（咨询），010 - 63131930（邮购）

传　　真：010 - 63131930

网　　址：http：// book. gmw. cn

E - mail：gmrbcbs@ gmw. cn

法律顾问：北京市兰台律师事务所龚柳方律师

印　　刷：三河市华东印刷有限公司

装　　订：三河市华东印刷有限公司

本书如有破损、缺页、装订错误，请与本社联系调换，电话：010-63131930

开　　本：170mm×240mm

字　　数：142 千字　　　　印　　张：11

版　　次：2024 年 1 月第 1 版　　印　　次：2024 年 1 月第 1 次印刷

书　　号：ISBN 978 - 7 - 5194 - 7268 - 9

定　　价：85.00 元

序

　　习近平总书记在党的二十大报告中指出："以铸牢中华民族共同体意识为主线，坚定不移走中国特色解决民族问题的正确道路，坚持和完善民族区域自治制度，加强和改进党的民族工作，全面推进民族团结进步事业。"中华民族共同体意识是中国各民族在不断交往、交流、交融的历史进程中，在历史、心理、社会、制度、政治、文化等层面取得一致性或共识性的集体身份认同。进入新时代，以习近平同志为核心的党中央立足新的历史方位，统筹中华民族伟大复兴战略全局和世界百年未有之大变局，着眼于我国民族间交往、交流、交融的不断深化，提出了"中华民族共同体"这一重大命题，引导各族群众牢固树立休戚与共、荣辱与共、生死与共、命运与共的共同体理念，推动各民族坚定"五个认同"，不断推进中华民族共同体建设，共同以中国式现代化全面推进中华民族伟大复兴。2021 年 4 月，习近平总书记在广西考察时要求，"在推动边疆民族地区高质量发展上闯出新路子，在服务和融入新发展格局上展现新作为，在推动绿色发展上迈出新步伐，在巩固发展民族团结、社会稳定、边疆安宁上彰显新担当，建设习近平新时代中国特色社会主义壮美广西"，并强调"广西是全国民族团结进步示范区，要继续发挥好示范带动作用"。建设铸牢中华民族共同体意识示范区是广西铸牢中华民族共同体意识的重要抓手和有效载体，铸牢中华民族共同体意识是广西建设示范区的核心要义和目标。本书基于广西百色市建设铸牢中华民族共同体意识示范市这一主题出发，通过文献研究法、比较分析法等方法探究百色市作为边疆民族地区在创建铸牢中华民族共同体意识示范市进程中的相关做法和经验，从理论到实践，开展了整体性研究。当然，这一领域尚属新领域，著者水平有限，诸多理论研究不够透彻，敬请读者斧正。

目　录
CONTENTS

第一章

铸牢中华民族共同体意识理论的提出

2014 年 5 月，习近平总书记在第二次中央新疆工作座谈会上指出：要高举各民族大团结的旗帜，在各民族中牢固树立国家意识、公民意识、中华民族共同体意识，最大限度团结依靠各族群众，使每个民族、每个公民都为实现中华民族伟大复兴的中国梦贡献力量，共享祖国繁荣发展的成果。① 这是"中华民族共同体意识"第一次被提出。2014 年 9 月，习近平总书记在中央民族工作会议暨国务院第六次全国民族团结进步表彰大会上的讲话中指出：加强中华民族大团结，长远和根本的是增强文化认同，建设各民族共有精神家园，积极培养中华民族共同体意识。② 此后，2017 年 10 月，"铸牢中华民族共同体意识"作为新时代的政治理念和民族工作指向被写入党的十九大报告中，并将其作为习近平新时代中国特色社会主义思想的重要内容正式载入党章，"铸牢中华民族共同体意识"逐渐被确立为全党的共同意志和基本遵循。2019 年 10 月，党的十九届四中全会把"铸牢中华民族共同体意识"总结为我国国家制度和国家治理体系优势显著的一个重要方面。2021 年 8 月，习近平在中央民族工作会议上作了题为《以铸牢中华民族共同体意识为

① 习近平. 坚持依法治疆团结稳疆长期建疆 团结各族人民建设社会主义新疆［N］. 人民日报，2014-05-30（01）.

② 习近平. 在全国民族团结进步表彰大会上的讲话［EB/OL］. 新华网，2019-09-27.

主线推动新时代党的民族工作高质量发展》的重要讲话，提出"必须以铸牢中华民族共同体意识为新时代党的民族工作的主线，推动各民族坚定对伟大祖国、中华民族、中华文化、中国共产党、中国特色社会主义的高度认同，不断推进中华民族共同体建设。"① 2021 年 11 月，党的十九届六中全会通过的《中共中央关于党的百年奋斗重大成就和历史经验的决议》进一步指出"坚持把铸牢中华民族共同体意识作为党的民族工作主线"。②

"铸牢中华民族共同体意识"已成为新时代党的民族工作的重大理论和实践命题，并以中华民族的意愿、党的政治主张和中国特色社会主义的国家意志呈现出来。

第一节　铸牢中华民族共同体意识的概念内涵

铸牢中华民族共同体意识是中国共产党人推动民族工作过程中的一个核心且重要的理念，是促进民族团结进步、推动社会稳定发展、凝聚思想共识的重要举措，我们非常有必要对中华民族共同体意识的概念构成与内涵进行深入剖析，并采取相应的铸牢举措。

单看"铸牢中华民族共同体意识"整个词语，它是由"铸牢""中华民族""共同体""意识"四个名词构成。为了更好地科学把握"铸牢中华民族共同体意识"的概念，我们免不了要对四个词语进行拆分理解。"铸牢中华民族共同体意识"的概念，是以"中华民族"为基

---

① 以铸牢中华民族共同体意识为主线 推动新时代党的民族工作高质量发展 [EB/OL]. 人民网，2021-08-29.
② 中共中央关于党的百年奋斗重大成就和历史经验的决议 [EB/OL]. 人民网，2021-11-17.

础的。

一、中华民族的概念

"中华民族"这一概念逐步形成和发展主要得益于历史上的两次重要事件，一是西周确立了以血缘和亲戚为纽带的封建制，二是秦始皇统一六国，这两次事件都是在大面积的国土上进行了制度文化的统一。在此之后的 2000 多年间，各个朝代均为了维持这种统一的局面做出了各自的努力。但"中华民族"这一概念直至清朝末年甲午中日战争时，才引起了人们对民族理论的思考。学界多认为，梁启超率先使用"中华民族"这一概念。梁启超 1899 年在《东籍月旦》中提出"民族"一词，1902 年在《论中国学术思想变迁之大势》中提出"中华民族"一词。最初"中华民族"仍然主要指代汉族，但梁启超在《历史上中国民族之观察》中开始赋予中华民族时代内涵，认为有中国意识者，也是中华民族之一员，"故凡满洲人今皆中华民族之一员"。孙中山对中华民族思想的不断提升，使"中华民族"真正指代中国 56 个民族。初期，他以"驱逐鞑虏，恢复中华"为口号，将满族统治者等同于元代的蒙古族统治者，视为"虏"，其主要目标是推翻帝制；中期，强调"五族共和"，突破了中国封建社会 2000 多年来"夷·夏""鞑虏·中华"之分；后期，国共合作，就有了"中国境内各民族一律平等"的思想。这为之后中国共产党使用中华民族思想做出了贡献。①

中国共产党坚持以马克思主义为指导思想，始终坚持民族平等的基本原则，将中华民族的概念持续贯通地代表中国各个民族，即宪法确认的中国 56 个民族，具有法定性。

---

① 梁启超．梁任公近著：第一辑（下卷）［M］．北京：商务印书馆，1923．

二、共同体的概念

共同体概念在马克思、恩格斯、列宁和斯大林的著作中也不断出现。斯大林将民族定义为"民族是人们在历史上形成的一个有共同语言、共同地域、共同经济生活以及表现在共同文化上的共同心理素质的稳定的共同体"①。因此人们共同体就是同一民族成员形成的共同体。

《现代汉语词典》将共同体解释为"人们在共同条件下结成的集体；由若干国家在某一方面组成的集体组织"。

而中华民族共同体又是指什么呢?

在 2014 年 9 月 28 日至 29 日召开的第四次中央民族工作会议上，习近平总书记首度明确使用"中华民族共同体"这一概念，并在之后的公开场合多次谈到"中华民族共同体"，或将全体中国人作为一个整体"民族"单元来表述。因此共同体意味着"一个拥有某种共同的价值观、规范和目标的实体"。

中华民族共同体就是以历史形成的拥有 56 个民族的中华人民共和国为基础，具有共同利益、共同目标的命运共同体。

三、意识的概念

我们一般认为，意识是人类独有的，是自我认知、思维和记忆的总称。我们如果把意识理解为本能或对外界刺激的反映，这种低级意识就不仅仅存在于人类，因此我们对意识的定位在于对客观事物和刺激的"反应"或"反映"，这就是两个完全不同的概念。因此我们这里的意识，主要是在哲学上的解释：意识是人脑对客观事物的能动反映。

马克思说："不是人们的意识决定人们的存在，相反，是人们的社

---

① 马克思恩格斯选集：第 4 卷 [M]. 北京：人民出版社，1972：332-333.

会存在决定人们的意识。"① 任何意识都是社会存在的反映，因此，共同体意识就是对共同体的自觉或者反映，中华民族共同体意识也同样如此。

四、中华民族共同体意识的内涵

我们要想科学把握中华民族共同体意识的内涵，就必须以正确认识中华民族共同体为前提，其内涵的重点是"共同"。习近平总书记在 2019 年 9 月 28 日全国民族团结进步表彰大会上的讲话中指出，"我们辽阔的疆域是各民族共同开拓的，我们悠久的历史是各民族共同书写的，我们灿烂的文化是各民族共同创造的，我们伟大的精神是各民族共同培育的。中华民族多元一体是先人们留给我们的丰厚遗产，也是我国发展的巨大优势"。因此中华民族共同体意识就是中华人民共和国的人们对生活的家园、利益、发展、价值等拥有共同的观点和看法。其中的核心是"中华民族"，也就是中华各民族，是宪法确定的 56 个民族。中华民族共同体意识自身反映的"共同体"也是以承认中国各民族存在为前提的"共同体"，是习近平总书记强调的"命运共同体"。习近平总书记在 2019 年全国民族团结进步表彰大会讲话中强调："我们党创造性地把马克思主义民族理论同中国民族问题具体实际相结合，走出一条中国特色解决民族问题的正确道路，确立了党的民族理论和民族政策，把民族平等作为立国的根本原则之一，确立了民族区域自治制度，各族人民在历史上第一次真正获得了平等的政治权利、共同当家做了主人，终结了旧中国民族压迫、纷争的痛苦历史，开辟了发展各民族平等团结互助和谐关系的新纪元。"习近平总书记说："中华民族大家庭是一个命运共同体，一荣俱荣，一损俱损。各民族只有把自己的命运同中

---

① 马克思恩格斯选集：第 4 卷［M］．北京：人民出版社，1972：332-333.

华民族的命运紧紧连接在一起，才有前途，才有希望。"他还说："历史告诉我们，每个人的前途命运都与国家和民族的前途命运紧密相连。国家好，民族好，大家才会好。"习近平总书记的这个表述不但精辟、实际，而且更合乎逻辑规律。①

第二节　铸牢中华民族共同体意识的内容体系

铸牢中华民族共同体意识蕴含的内容体系，作者认为在 2021 年 8 月 27 日至 28 日召开的中央民族工作会议上，习近平总书记已经明确地提出来了，主要包含"一条主线""五个认同""十二个必须"。

一、"一条主线"

习近平总书记在 2021 年 8 月 27 日至 28 日召开的中央民族工作会议讲话中强调："做好新时代党的民族工作，要把铸牢中华民族共同体意识作为党的民族工作的主线。铸牢中华民族共同体意识，就是要引导各族人民牢固树立休戚与共、荣辱与共、生死与共、命运与共的共同体理念。"② 铸牢中华民族共同体意识是习近平总书记对党的民族理论与时俱进的创新发展，是马克思主义民族理论中国化的最新成果。

铸牢中华民族共同体意识，就是要引导各族人民牢固树立休戚与共、荣辱与共、生死与共、命运与共的共同体理念。铸牢中华民族共同体意识是维护各民族根本利益的必然要求，只有铸牢中华民族共同体意

---

① 习近平. 习近平在全国民族团结进步表彰大会上的讲话［N］. 人民日报，2019-09-28（02）.

② 习近平. 以铸牢中华民族共同体意识为主线 推动新时代党的民族工作高质量发展［N］. 人民日报，2021-08-29（01）.

识，构建起维护国家统一和民族团结的坚固的思想长城，各民族共同维护好国家安全和社会稳定，才能有效抵御各种极端、分裂思想的渗透颠覆，才能不断实现各族人民对美好生活的向往，才能实现好、维护好、发展好各民族的根本利益。铸牢中华民族共同体意识是实现中华民族伟大复兴的必然要求，只有铸牢中华民族共同体意识，才能有效应对实现中华民族伟大复兴过程中民族领域可能发生的风险挑战，才能为党和国家兴旺发达、长治久安提供重要思想保证。① 铸牢中华民族共同体意识是巩固和发展平等团结互助和谐社会主义民族关系的必然要求，只有铸牢中华民族共同体意识，才能增进各民族对中华民族的自觉认同，夯实我国民族关系发展的思想基础，推动中华民族成为认同度更高、凝聚力更强的命运共同体。铸牢中华民族共同体意识是党的民族工作开创新局面的必然要求，只有顺应时代变化，按照增进共同性的方向改进民族工作，做到共同性和差异性的辩证统一、民族因素和区域因素的有机结合，才能把新时代党的民族工作做好、做细、做扎实。

二、"五个认同"

习近平总书记在第五次中央民族工作会议上指出："推动各民族坚定对伟大祖国、中华民族、中华文化、中国共产党、中国特色社会主义的高度认同，不断推进中华民族共同体建设。"指明增强各族群众的"五个认同"对推进中华民族共同体建设的重要性，是促使共同体理念深植于各族群众心中的指引路径。

（一）增强各族群众对伟大祖国的认同

中华民族的生存空间是各民族共同开拓和维系的，中华民族为适应

---

① 习近平. 以铸牢中华民族共同体意识为主线 推动新时代党的民族工作高质量发展 [N]. 人民日报, 2021-08-29 (01).

生产生活在中国这片土地上进行了改造，成了这片广袤土地的开发者、主人，长此以往使得民族成员对这片土地产生了感情，这就是爱国主义的产生。各族人民共同培育了红船精神、井冈山精神、西柏坡精神等爱国主义精神，众多少数民族群众同广大汉族群众一起自觉投入中国共产党领导的新民主主义革命中，开启了共建新中国的序幕。最终各族人民共同建立了中华人民共和国，主权属于各族人民。各族人民以主人翁意识在这片广阔的疆域中团结奋进，推动祖国的繁荣发展。

对此，习近平总书记指出："爱国主义精神深深植根于中华民族心中，是中华民族的精神基因，维系着华夏大地上各个民族的团结统一，激励着一代又一代中华儿女为祖国发展繁荣而不懈奋斗。"① 中华民族对伟大祖国的认同，使各个民族团结统一，使祖国不断繁荣发展。因此，只有增强各族群众对伟大祖国的认同，引导各族群众更加自觉地维护祖国统一、国家安全，才能促使各族群众自觉形成同心共圆中国梦的强大合力。

（二）增强各族群众对中华民族的认同

中华民族一直是一个伟大的民族，历史上的中华民族依靠勤奋和智慧开拓了辽阔的疆域，创造了灿烂的中华文化，营造了万国来朝的景象，曾长期居于世界之先。1949 年，中华人民共和国成立，在中国共产党的领导下，中华民族在之后的社会主义革命和建设时期、改革开放和现代化建设新时期，由站起来到富起来。新时代以来，中华民族在以习近平同志为核心的党中央的坚强领导下，由富起来到强起来，各族群众共享小康新生活，一起过上了好日子。各族群众理应更加团结，增强对中华民族的自觉认同，为实现中华民族伟大复兴的中国梦继续努力奋斗。因此，习近平总书记强调："以实现中华民族伟大复兴为出发点和

---

① 习近平. 大力弘扬伟大爱国主义精神 为实现中国梦提供精神支柱 [N]. 人民日报，2015-12-31（01）.

落脚点，统筹谋划和推进新时代党的民族工作。"可见，只有增强各族群众对中华民族的认同，引导各族群众始终把中华民族利益放在首位，才能促使各族群众自觉形成同心共圆中国梦的强大合力。

（三）增强各族群众对中华文化的认同

中华文化是各民族文化的集大成。在长期的历史发展过程中，我国56个民族共同缔造了中华文明，不同地区、不同民族的多种文化相互交融、互鉴互通，共同塑造了中华文化的共同性与包容性。新时代以来，随着我国民族间交往交流交融格局的进一步深化发展，具有包容性特征的中华文化更加具有了对各族群众的吸引力。比如说，"壮族三月三"已经成为广西各民族共享的文化符号，"刘三姐"已经成为广西各族群众对外交流的重要文化名片。同时，随着"四个全面"战略布局逐步形成和"四个伟大"治国理政总体框架逐渐完善，我国综合国力大幅提高，日益接近世界舞台中央。

源远流长、博大精深的中华文化，是中华民族的根和魂，既涵养着中华民族共同体意识，又助推着我国民族团结进步事业的发展。因此，在2021年8月召开的中央民族工作会议上，习近平总书记强调："中华文化是主干，各民族文化是枝叶，根深干壮才能枝繁叶茂。"同时，习近平总书记指出："必须构筑中华民族共有精神家园，使各民族人心归聚、精神相依，形成人心凝聚、团结奋进的强大精神纽带。"以此，只有坚定各族群众对中华文化的认同，增强各族群众的文化自觉和文化自信，才能促使各族群众自觉形成同心共圆中国梦的强大合力。

（四）增强各族群众对中国共产党的认同

历史选择了中国共产党，中国共产党推翻了服务大地主的大资产阶级和西方帝国主义势力的国民政府，建立了真正完全属于人民的新政权，开启了中国发展的新纪元，带领各族群众完成了社会主义革命，推进了社会主义建设，实现了从生产力相对落后的状况到经济总量跃居世界第二的历史性突破，推动了社会生产力的迅速发展。新时代以来，中国共产党带领各族群众取得了"十三个方面"的伟大成就，全面建成小康社会，并朝着第二个百年奋斗目标继续前进。正如习近平总书记指出的："一百年来，党始终践行初心使命，团结带领全国各族人民绘就了人类发展史上的壮美画卷，中华民族伟大复兴展现出前所未有的光明前景。"中国共产党的领导是全国各族人民的利益所系、命运所系，是社会主义制度比资本主义制度优越得多的根本原因，是各族群众齐心共圆中国梦的根本保障。因此，只有增强各族群众对中国共产党的认同，引导各族群众更加坚定地听党话、跟党走，才能促使各族群众自觉形成同心共圆中国梦的强大合力。

（五）增强各族群众对中国特色社会主义的认同

建设社会主义的前提是无产阶级掌握国家政权。在我国，新民主主义革命是社会主义革命的必要准备，社会主义革命是新民主主义革命的必然趋势。新中国成立后的社会主义革命和建设实现了生产资料真正为人民所有，消灭了一切剥削制度，社会主义制度在我国建立了起来。以邓小平同志为主要代表的中国共产党人深刻把握"和平与发展"的时代主题，提出既要合理吸收人类社会的一切文明成果，又要坚持走社会主义道路，从而建设有中国特色的社会主义。在党的十二大上，邓小平同志明确提出"走自己的路，建设有中国特色的社会主义"；党的十三大阐明了社会主义初级阶段的理论，提出了党在社会主义初级阶段的基本路线；党的十四大明确提出要建立社会主义市场经济体制；党的十五大提出建设中国特色社会主义的经济、政治和文化的基本目标、基本政策，并对我国跨世纪发展做出战略部署；党的十六大提出全面建设小康社会、加强和改进党的建设等目标；党的十七大提出构建社会主义和谐社会、推动社会主义文化大发展大繁荣等内容。在中国共产党的领导下，在各族群众共建中国特色社会主义事业的努力中，"中国大踏步赶上了时代"。

随着中国特色社会主义进入新时代，"我国社会主要矛盾已经转化为人民日益增长的美好生活需要和不平衡不充分的发展之间的矛盾"，我国的发展进入新的历史方位。随着构建中国特色社会主义法治体系、贯彻"以人民为中心"的新发展理念、加强党的建设、建设美丽中国等新举措的实施，我国形成了新的发展格局，中国特色社会主义已然成为一条"中国式现代化新道路"，成为一个"人类文明新形态"。"党和国家事业取得历史性成就、发生历史性变革"，各族群众的幸福感、获得感空前提升。正如习近平总书记指出的："中国特色社会主义是党和人民历经千辛万苦、付出巨大代价取得的根本成就，是实现中华民族伟大复兴的正确道路。"① 中国特色社会主义是中国共产党不断推动马克思主义中国化的产物，也是实现中华民族伟大复兴的正确道路。因此，只有增强各族群众对中国特色社会主义的认同，引导各族群众自觉做中国特色社会主义坚定的信仰者，才能促使各族群众自觉形成同心共圆中国梦的强大合力。

三、"十二个必须"

在 2021 年 8 月召开的中央民族工作会议上，战略性提出"坚持正确的，调整过时的"党的民族工作创新发展思路，指出民族工作的主题和任务也必须聚焦在新时代特征和发展方向上，新时代要以实现中华中华民族伟大复兴为出发点和落脚点，系统推进新时代党的民族工作。所谓"坚持正确的"，就是坚持马克思主义民族平等、民族团结、各民族共同繁荣的基本原则，坚定不移地走中国特色、解决民族问题的正确

---

① 习近平. 在庆祝中国共产党成立 100 周年大会上的讲话［EB/OL］. 新华网，2021-07-01.

道路；所谓"调整过时的"，就是要把不适应新时代民族工作需要的、不利于铸牢中华民族共同体意识的思想认识、工作方式、实践导向、评价标准等加以改进。"坚持正确的，调整过时的"民族工作创新发展思路，正是中国共产党实事求是、与时俱进的思想作风在民族工作领域的具体体现，是推进马克思主义民族理论中国化实践的最新要求。

"十二个必须"的内容主要是：

一是必须从中华民族伟大复兴的战略高度把握新时代党的民族工作的历史方位，以实现中华民族伟大复兴为出发点和落脚点，统筹谋划和推进新时代党的民族工作。

二是必须把推动各民族为全面建设社会主义现代化国家的奋斗目标作为新时代党的民族工作的重要任务，促进各民族紧跟时代步伐，共同团结奋斗、共同繁荣发展。

三是必须以铸牢中华民族共同体意识作为新时代党的民族工作的主线，推动各民族坚定地对伟大祖国、中华民族、中华文化、中国共产党、中国特色社会主义高度认同，不断推进中华民族共同体建设。

四是必须坚持正确的中华民族历史观，增强对中华民族的认同感和自豪感。

五是必须坚持各民族一律平等，保证各民族共同当家作主、参与国家事务管理，保障各族群众的合法权益。

六是必须高举中华民族大团结旗帜，促进各民族在中华民族大家庭中像石榴籽一样紧紧抱在一起。

七是必须坚持和完善民族区域自治制度，确保党中央政令畅通，确保国家法律法规实施，支持各民族发展经济、改善民生，实现共同发展、共同富裕。

八是必须构筑中华民族共有的精神家园，使各民族人心归聚、精神相依，形成人心凝聚、团结奋进的强大精神纽带。

九是必须促进各民族广泛交往交流交融，促进各民族在理想、信念、情感、文化上的团结统一，守望相助、手足情深。

十是必须坚持依法治理民族事务，推进民族事务治理体系和治理能力现代化。

十一是必须坚决维护国家主权、安全、发展利益，教育引导各民族继承和发扬爱国主义传统，自觉维护祖国统一、国家安全、社会稳定。

十二是必须坚持党对民族工作的领导，提升解决民族问题、做好民族工作的能力和水平。

从 2014 年中央民族工作会议关于中国特色解决民族问题正确道路的"八个坚持"论述，到 2019 年全国民族团结进步表彰大会关于新中国成立 70 年来民族工作成功经验的"九个坚持"论述，再到 2021 年在中央民族工作会议上党关于加强和改进民族工作重要思想的"十二个必须"论述，党对民族工作全面领导的基本原则得到了一以贯之的强调与阐释。

"十二个必须"突出强调了将"铸牢中华民族共同体意识"作为民族工作的主线和"纲"。"铸牢中华民族共同体意识"由建设各民族共有精神家园的一项重要内容，逐渐上升为新时代民族工作的主线，统领民族工作的全局。正如中央民族工作会议上提出的"要赋予所有改革发展以彰显中华民族共同体意识的意义，以维护统一、反对分裂的意义，以改善民生、凝聚人心的意义，让中华民族共同体牢不可破"。

第三节　铸牢中华民族共同体意识总目标

铸牢中华民族共同体的目标是加强民族团结，促进国家认同，实现中华民族伟大复兴。

中国幅员辽阔、文明源远流长，是一个历史悠久的、统一的多民族国家，少数民族人口占我国总人口的9%，长期的历史发展使我国56个民族对中华民族产生了认同。党的十八大以来，中国进入快速发展期，随着国力的提升，特别是在经济总量居于世界第二以来，国家发展面临的国内外形势日趋复杂。为了战胜各种不利因素的挑战，中华民族必须齐心协力，团结和睦，铸牢团结统一的中华民族共同体意识。做好民族工作的关键，就是做好民族团结，团结少数民族是中国共产党领导国家解决民族问题的具体实践，是革命取得胜利、新中国成立后取得一系列成就的重要保障。

对一个多民族国家来说，各个民族对国家的认同是维系一国存在和发展的重要纽带。国家认同是个人在心理上认为自己归属于该政治共同体，意识到自己的公民身份，是一种重要的国民意识。国家认同在实践中往往表现为对自己国家的热爱和忠诚、对国家利益关心、负责的信念。国家认同是国家凝聚力的主要反映，为国家维系统一性、独特性提供了重要保障。国家认同作为重要的国民意识，是促进国家安定团结和稳定发展的重要条件。公民在长期的社会化过程中，有了国家的认同感，人民是国家的主人，广大人民与国家的认同感、归属感紧密相连。面对当今复杂的国内外形势及我国发展的目标，最关键的是增强中华民族的凝聚力，国家认同既是每一个民族的发展方向，又是中华民族发展的目标。

2019年7月，习近平总书记在内蒙古考察时强调指出："要引导人们树立正确的历史观、国家观、民族观、文化观，不断巩固各族人民对伟大祖国的认同。"[①] 铸牢中华民族共同体意识，促进国家认同，就是铸牢各民族共同参与、共同分享发展成就的共同体意识。铸牢中华民族

---

① 习近平. 牢记初心使命贯彻以人民为中心发展思想 把祖国北部边疆风景线打造得更加亮丽［N］. 人民日报，2019-07-17（01）.

共同体意识，就是凝聚各族同胞同心共筑中国梦，是新时代国家治理体系和治理能力现代化建设的主旨。

铸牢中华民族共同体意识是我们党着眼长远、巩固和发展民族团结、实现中华民族伟大复兴的重大要求和部署。随着我国经济社会发展进入了新的历史阶段，党和国家的治理理念和治理实践也要与时俱进。每一个国家、每一个民族，在通往现代化的道路上，推进了国家治理体系和治理能力现代化的进程，实现了现代化的发展模式，立足本国、本民族的实际，面对全球化的挑战，吸收、借鉴人类文明的成果，充分发挥中华民族所蕴含的历史文化资源，增强民族团结，凝聚国民共识，统筹国家治理和发展，为我国走向世界舞台中央凝心聚力。进一步加强中华民族共同体建设，铸牢中华民族共同体意识，是实现中华民族伟大复兴的现实需要。

当前，世界正经历百年未有之大变局，我国正处于实现中华民族伟大复兴的最关键时期，要想实现中华民族伟大复兴，唯有中华各族人民紧密团结。铸牢中华民族共同体意识，凝聚共同信念，为构建中华民族命运共同体提供情感认同，凝心聚力促进中华民族繁荣复兴。习近平总书记指出，促进各民族交往交流交融，是社会发展的必然趋势，也是中华民族伟大复兴的重要途径。民族团结所体现的和睦相处、和衷共济、和谐发展体现了各民族对中华民族的认同，中华文化也是维护民族团结、构建中华民族共同体意识的认同归宿，各民族成员相互之间平等相待、守望相助，是中华民族的历史主线和发展方向，也是实现中华民族伟大复兴的根本保障。

习近平总书记在中国共产党成立100周年纪念大会上指出："新的征程上，我们必须坚持大团结大联合，坚持一致性和多样性统一，加强思想政治引领，广泛凝聚共识，广聚天下英才，努力寻求最大公约数、画出最大同心圆，形成海内外全体中华儿女心往一处想、劲往一处使的生动局面，汇聚起实现民族复兴的磅礴力量！"全国各族人民在中国共产党的领导下，放眼于人类命运共同体的高度，铸牢中华民族共同体意识和建设各民族共有的精神家园，使中华文化和中华民族精神引领中华民族走向伟大复兴。

第二章

边境地区创建铸牢中华民族共同体意识示范市的背景和意义

习近平总书记强调："铸牢中华民族共同体意识是新时代党的民族工作的'纲'，所有工作要向此聚焦。"① 广西壮族自治区党委书记刘宁在全区民族工作会议上提出"积极共建铸牢中华民族共同体意识示范区"。自治区第十二次党代会提出了包括"铸牢中华民族共同体意识"在内的"三个共同愿景"。百色是多民族散居的边疆民族地区，是广西少数民族人口最多的设区市。长期以来，百色市宗教和顺、社会和谐、民族和睦，探索了一条符合边疆实际、富有民族特色的民族团结进步事业创新发展之路。当前，全区上下正凝心聚力为实现"三个共同愿景"、建设铸牢中华民族共同体意识示范区携手奋进，我们必须准确把握和深入贯彻落实习近平总书记关于加强和改进民族工作的重要思想，紧扣铸牢中华民族共同体意识的主线，以广西建设铸牢中华民族共同体示范区为契机，以争创全国民族团结进步示范市为抓手，立足"边"的特点，勇担历史重任，主动创新作为，奋力推动新时代百色民族工作高质量发展。

党的十八大以来，以习近平同志为核心的党中央把铸牢中华民族共同体意识作为党的民族工作的主线。在 2021 年中央民族工作会议上，

① 习近平. 以铸牢中华民族共同体意识为主线 推动新时代党的民族工作高质量发展 [N]. 人民日报，2021-08-29（01）.

习近平总书记强调，必须以铸牢中华民族共同体意识为新时代党的民族工作的主线，推动各民族坚定对伟大祖国、中华民族、中华文化、中国共产党、中国特色社会主义的高度认同，不断推进中华民族共同体建设。铸牢中华民族共同体意识内涵丰富、意义深远，作为具有前瞻性、全局性和纲领性的重大原创性论断，是新时代党的民族工作的主线，是夯实民族团结进步的思想根基，是实现民族复兴伟业的强大动力。历史和实践一再证明，铸牢中华民族共同体意识是维护各民族根本利益的必然要求，是实现中华民族伟大复兴的必然要求，是巩固和发展平等、团结、互助、和谐的社会主义民族关系的必然要求，是党的民族工作开创新局面的必然要求。

自治区第十二次党代会的报告对建设铸牢中华民族共同体意识示范区作出全面部署，提出创建中华民族共同体意识示范区的新目标。这是在深刻理解、准确把握习近平总书记关于加强和改进民族工作重要思想，特别是习近平总书记赋予"广西是全国民族团结进步示范区"崇高荣誉和"要继续发挥好示范带动作用"重大使命的基础上提出来的，是新时代党的民族创新理论同广西实际相结合、同广西各民族优秀传统文化相结合的创新成果。理论依据、现实依据和历史依据以及优秀传统文化基础充分融合，集中体现了自治区党委的政治高度、政治自觉和政治主动，以及全国视野、民族胸怀和全国示范带动的使命担当，意义重大。

第一节　建设铸牢中华民族共同体意识示范市的根本遵循

铸牢中华民族共同体意识是习近平总书记从中华民族伟大复兴的战

略高度对新时代民族工作提出的重大原创性论断，是新时代党的民族工作的主线。习近平总书记视察广西时，强调广西是全国民族团结进步的示范区，要继续发挥好示范带动作用。自治区第十二次党代会明确把"铸牢中华民族共同体意识"作为建设习近平新时代中国特色社会主义壮美广西的共同愿景之一，作出了"建设铸牢中华民族共同体意识示范区"的决策部署，这是全区各族人民在巩固发展民族团结、社会稳定、边疆安宁上彰显新担当的重要举措。

2022年5月13日，广西壮族自治区第十三届人民代表大会常务委员会第二十九次会议通过了《广西壮族自治区人民代表大会常务委员会关于推动铸牢中华民族共同体意识示范区建设的决定》，明确了铸牢中华民族共同体意识示范区建设的主要原则、主要目标和具体任务。

一、铸牢中华民族共同体意识示范市建设的主要原则

铸牢中华民族共同体意识示范市建设要始终以习近平总书记关于加强和改进民族工作的重要思想为根本遵循。

习近平总书记关于加强和改进民族工作的重要思想，是习近平新时代中国特色社会主义思想的重要组成部分，是我们党坚持走中国特色解决民族问题的正确道路的重大成果，是做好新时代党的民族工作的根本遵循。我们建设铸牢中华民族共同体意识示范市，要把习近平总书记关于加强和改进民族工作的重要思想贯穿铸牢中华民族共同体意识示范市建设的全过程。我们要坚持党对民族工作的全面领导，以实现中华民族伟大复兴为出发点和落脚点，紧紧围绕铸牢中华民族共同体意识的主线，积极引导全市各族人民牢固树立休戚与共、荣辱与共、生死与共、命运与共的共同体理念，推动各民族坚定对伟大祖国、中华民族、中华文化、中国共产党、中国特色社会主义的高度认同。我们要正确把握共同性和差异性的关系、中华民族共同体意识和各民族意识的关系、中华

文化和各民族文化的关系、物质和精神的关系。我们要合力打造中华民族共有精神家园、共同富裕幸福家园、守望相助和谐家园、边疆稳定平安家园。

二、铸牢中华民族共同体意识示范市建设的主要目标和任务

（一）主要目标

建设"四个家园"：各民族文化融合发展的中华民族共有精神家园、各民族共同走向社会主义现代化的共同富裕幸福家园、各民族互嵌融居的守望相助和谐家园、各民族共建共治的边疆稳定平安家园。

（二）主要任务

1. 铸牢中华民族共同体意识示范区建设要全面推进中华民族共有精神家园建设。我们要弘扬中华民族伟大精神，加强铸牢中华民族共同体意识宣传教育，增强中华文化认同，全面推广普及国家通用语言文字，大力营造各民族共同走向现代化的社会氛围。我们要深入培育和践行社会主义核心价值观，大力培育和推介具有中华民族伟大精神的形象、先进典型和优秀作品，讲好铸牢中华民族共同体意识的广西故事，深入实施中华优秀传统文化传承发展工程，大力传承、弘扬各民族优秀文化，办好"壮族三月三"等各民族共同参与的文化活动，创新实施文化惠民工程，加大世界文化遗产重要文物古迹保护、研究、利用，推动建设国家级文化生态保护区。

2. 铸牢中华民族共同体意识示范区建设要大力促进经济发展，推动各民族为全面建设社会主义现代化国家共同奋斗。国家立足资源禀赋、发展条件、比较优势等实际，在推动边疆民族地区高质量发展上闯出新路子，深度融入国内国际双循环，主动对接长江经济带发展、粤港澳大湾区建设等国家战略，融入共建"一带一路"，高水平共建西部陆海新通道，大力发展向海经济，建设面向东盟开放合作高地，加大创新

支持力度，加快推动经济社会高质量发展。完善差别化区域支持政策，加大对少数民族聚居区基础设施建设、产业结构调整支持的力度。国家要巩固提升脱贫攻坚和全面建成小康社会的成果，加大对乡村振兴重点帮扶县的支持力度，加快特色产业的发展。国家要加强新时代安边兴边固边的工作，实现边境繁荣发展、边民团结幸福、边防安全稳固的局面。

3. 铸牢中华民族共同体意识示范区建设要积极发展社会事业，持续保障和改善民生。国家推进基本公共服务均等化，不断增强各族群众获得感、幸福感、安全感。国家完善就业创业扶持政策，促进就业创业，加快发展教育事业，提高教育质量和水平，加强医疗卫生服务体系建设，完善公共卫生服务网络。国家扎实做好城市民族工作，深化互嵌式社会结构和推动社区环境建设，推动各民族交往交流交融向广度、深度拓展。

4. 铸牢中华民族共同体意识示范区建设要推动民族事务治理现代化，坚决防范民族领域重大风险隐患。国家坚持和完善民族区域自治制度，完善民族工作政策和地方法规制度，坚持依法治理民族事务，建立健全各族群众诉求表达、利益协调、权益保障机制，依法保障少数民族的合法权利和利益。各民族要牢固树立总体国家安全观，坚决维护国家安全统一，提高防范民族领域重大风险隐患能力，守住意识形态阵地。

三、建设铸牢中华民族共同体意识示范区，要重点做好"五方面工作"，实现"七个走在前列"，发挥示范带动作用

一是深化中华民族共同体意识宣传教育，持续打造"壮族三月三"等民族特色文化品牌，全面提高国家通用语言文字普及水平，构筑中华民族共有精神家园，持续推动各民族增强"五个认同"。

二是用好国家支持民族地区发展政策，加快少数民族聚居区发展，打造边境地区民族团结进步模范长廊，推动各民族稳步迈向现代化。

三是做好新时代城市民族工作，营造各民族共居共学、共建共享、共事共乐的社会氛围，推动各民族深度交往交流交融。

四是推进民族事务治理体系和治理能力现代化。

五是坚决防范化解民族领域风险隐患。

加快建设铸牢中华民族共同体意识示范区，在促进民族团结进步、铸牢中华民族共同体意识方面要走在前列、作出示范，努力在全国各省区中发挥示范带动作用。铸牢中华民族共同体意识涉及方方面面，铸牢中华民族共同体意识示范区建设不能仅仅是民族团结搞得好，还应当在推动高质量发展、深化对外开放合作、加快绿色发展、推进共同富裕、发扬传承民族文化、维护边疆安全稳定等各方面都力争走在民族地区的前列，作出示范。

第二节　建设铸牢中华民族共同体意识示范市是广西民族工作的总抓手

一、强化政治引领，加强完善党对民族工作的全面领导

中国共产党的领导是中国特色社会主义最本质的特征，是中国特色社会主义制度的最大优势，是党和国家发展事业的根本所在、命脉所在，是全国各族人民的利益所系、命运所系。加强和完善党的全面领导，是做好新时代党的民族工作的根本政治保证。各级党委要增强"四个意识"、坚定"四个自信"、做到"两个维护"，不断提高政治判断力、政治领悟力、政治执行力，牢记"国之大者"，认真履行主体责任，把党的领导贯穿民族工作全过程。国家要加强基层民族工作机构建设和民族工作力量，确保基层民族工作有效运转，在全国民族团结进步

示范市创建中不断完善工作机制，明确职责分工，细化考核指标，明确各级各部门的职责分工和工作任务。国家加大对民族工作的督查和指导力度，将铸牢中华民族共同体意识纳入党的建设和意识形态工作责任制中，纳入政治考察、巡视巡察、政绩考核中。国家领导人定期深入各级各部门开展巡回督导，深入查找存在的问题和薄弱环节，盯住短板，攻坚克难，对思想不重视、责任不明确、工作不落实的单位，追究责任。

二、强化宣传教育，着力构建各民族共有精神家园

坚持以铸牢中华民族共同体意识为主线，以社会主义核心价值观为引领，突出宣传教育，着力增进各族群众对中华文化的认同，积极构建各民族共有精神家园。一是强化铸牢中华民族共同体意识实践教育平台的建设。统筹利用各类资源，打造一批实践、教育、理论研究基地和平台，发挥主题公园、社区（村）同心广场、村史馆、博物馆、各类网站、公众号等主题宣传教育阵地的作用，拓展宣教多维空间。二是强化铸牢中华民族共同体意识系统性教育，创新开展一系列民族团结进步主题文化活动。国家将铸牢中华民族共同体意识纳入干部教育、党员教育、国民教育和社会宣传教育中，组建新时代党的民族工作宣讲团，在相关网站开设"铸牢中华民族共同体意识"专栏，组织全市各级各部门开展"我为党的二十大建言献策""壮族三月三"系列宣传教育月活动、民族团结进步教育进校园暨创建全国民族团结进步示范市宣传活动、志愿者大宣传活动、建设铸牢中华民族共同体意识示范区献词活动以及各种线上线下宣传教育活动。三是强化交往交流交融。一方面，实施各民族青少年交往交流计划。各中小学联合全国各地和海外学生一起通过夏令营和"云连线"开展以"中华民族一家亲，同心共筑中国梦"为主题的交往交流活动。比如青少年可通过网络连线开展"中华民族一家亲·海内外少年心连心"的"云结对"，少先队员开展以"石榴籽成长之路，石榴花开一家亲"为主题的云队课。诸如此类富有特色的活动，大大加强了各族学生文化交流，加深了各族学生对中华民族的认同感和自豪感，让中华民族共同体意识在广大青少年心中生根发芽。另一方面，国家要实施旅游促进各民族交往交流交融的计划，把各类景区打造成传承中华民族优秀文化、铸牢中华民族共同体意识的实践基地，同时，精心打造广西民族特色村。

三、强化公共服务建设，推动互嵌式社会结构和社区环境建设

国家要创新"社区+商圈"模式，推进"五进商圈"（党群建设、经济服务、民生保障、城乡管理、社会治理）完善系统化自建，以政策咨询、法律服务、志愿服务、就业服务、便民服务、商户联谊为六个基本支点，展开多元化、体验化的软性配套服务与支持，真正实现党建引领下的"共融、共治、共享、共创"。国家要开展各类技能培训、组织就业招聘、发布就业信息、加强政策咨询和职业指导等基本就业服务，使社区劳动力人口求职有门路、上岗有技能，采取"一对一"的结对帮扶措施。每名党员干部和商户代表根据实际情况结对帮扶两户困难群众，不仅进一步促进了社区各族群众整体致富能力的提升，而且促进各民族之间通过社区产业发展形成了"牵一发而动全身"的紧密联系。此外，还建立四级网络工作管理体系，加强与少数民族流动人口户籍地政府的联系，共同做好流动人口信息共享和服务管理的工作，促进各族流动人口在各个方面更好地融入本地的建设和生活中。开展部门联动，打造优质服务品牌。人社部门认真落实《就业促进法》，保护各族群众基本就业权益；卫健部门统筹推进基本公共卫生服务工作，为各民族群众提供优质医疗服务；民政部门全面落实少数民族地区社会救助政策制度，持续改善各民族群众的生活；市场监管部门成立消费维权站，全力维护各民族群众的消费权益。我国打造社区十分钟服务圈，帮助外

来各族群众解决就业落户、社会保障、就医就学、住房租赁等问题。

四、推动民族事务治理，防范民族领域重大风险隐患

我国坚持和完善民族区域自治制度，完善民族工作政策和地方法规制度，坚持依法治理民族事务，建立健全各族群众诉求表达、利益协调、权益保障机制。我国要针对特定地区、特殊问题、特别事项实行靶向治理，找出各族群众心中的"结"、地区治理工作的"难"，精细化地制定政策法规的实施细则，提升治理的有效性和整体效能。我国要守住意识形态阵地，特别是边疆民族地区，积极稳妥处理涉民族因素的意识形态问题和案件，充分运用法治思维和法治方式促使民族事务治理有序推进。我们要树立信息化管理思维，充分利用网络信息技术，提高应对互联网和信息化的把握能力、对网络舆论的引导能力、对信息化发展的驾驭能力、对网络安全的保障能力，弘扬社会主义核心价值观，彰显铸牢中华民族共同体意识等主流思想。我国要大力改革创新，越是不发达地区，越需要实施创新驱动的发展战略。我国坚持面向民族地区经济社会发展主战场，创新实践机制，补齐短板，让各族群众共享民族事务治理的改革创新成果。我国要大胆吸纳整合，妥善处理好民族关系、促进百色边疆民族地区高质量发展，实现精准治理。我国要充分发挥现代信息化技术的作用，利用互联网信息的法律法规，依法妥善处置网络空间中涉民族因素的舆情，用现代信息化手段畅通沟通渠道，方便群众办事，实现民族事务治理"线上线下"均衡发展。

第三节 加快发展是百色创建铸牢中华民族共同体 意识示范市的核心问题

中华民族经过不断努力，历史性地解决了绝对贫困的问题，全面建成了小康社会，当前，正致力于向全国建成社会主义现代化强国的目标迈进。开展铸牢中华民族共同体意识示范市创建活动、推行从增长优先到共同富裕的战略举措、推动城乡融合、推动民族地区经济在国民经济发展中做出更大贡献、推动形成区域均衡协调新格局，是铸牢中华民族共同体意识示范市在经济实践中的努力方向。与此同时，我国应从推进边疆地区各民族各阶层之间共享发展成果、促进基本公共服务均等化、推动少数民族参与国家建设等方面进一步夯实铸牢中华民族共同体意识示范市的经济基础。推进百色边疆民族地区实现共同富裕，是新时代党的民族工作的应有之义，对于铸牢中华民族共同体意识示范市来说意义深远。

一、推进边疆地区各民族间共享发展成果

在经济发展过程中，政府应充分协调边疆地区各民族之间的利益关系。一是经济社会发展与进步是所有社会成员共同努力、不断付出得来的结果，国家需要对盈利分配机制进行科学合理调节，确保各民族群众都能共享发展成果。二是要保障工人、农民尤其是少数民族工人、农民等群体的话语权，改善信息不对称等问题，使其可以有效地表达自己的利益诉求，保证各民族共享发展成果。三是实现区域联动发展，保证边疆民族地区之间资源流动的通畅性，以使社会各区域改变其社会经济地位，共享发展成果。在有效市场与有为政府的联动下，各区域、各民

族、各阶层均等分配利益，从而增强铸牢中华民族共同体意识的心理认同和情感归属。

二、促进边疆民族地区基本公共服务均等化

在铸牢中华民族共同体意识示范市的过程中，我国要坚持基本公共服务均等化原则，以促进各族群众公平且最大可能地获得公共产品。一方面，国家需要提供品类更多、范围更广的公共产品，改善边疆地区各族群众的生产生活条件；另一方面，随着人们收入水平的不断提高，各族人民对美好生活的需要日益广泛，向往也更加强烈，为此，我国需要切实了解各族群众当下的需求，例如为近年来发展起来的数字经济、云产业等提供支持，在提高生活质量的同时，实现新时代边疆地区经济的新发展，从而使边疆地区各族群众感受到中华民族大家庭的温暖，有利于铸牢中华民族共同体意识。

三、推动边疆少数民族参与祖国建设

我国要促进边疆少数民族地区各族群众就业，以推动其更加积极地参与祖国建设和经济社会发展。我国要加强边疆民族地区之间的团结协作，提高进城边疆少数民族群众的就业能力，完善并健全人口流出地与流入地的劳务合作，相关部门定期与边疆少数民族地区农民工沟通就业情况，结合当地产业发展需求，开展定向培训、订单培训，提高边疆民族地区劳动者的劳动技能。流出地政府也应承担相关责任，包括大力推广普通话文字语言的普及教育，加大对劳务派遣企业、中介、工头的管理力度，提高外出务工的边疆少数民族劳动者的综合素质，合法有序地开展劳务输出，教给边疆地区少数民族群众生存和发展的本领。稳定的就业不仅有利于提高边疆地区各民族群众的生活水平，还可以有力地推

动其参与到伟大祖国的建设之中，而且还有利于增进各民族之间的团结融合，从而深入推进铸牢中华民族共同体意识。

四、实现边疆民族地区巩固拓展脱贫攻坚成果同乡村振兴的有效衔接

我国要扎实推进乡村振兴，促进农村地区高质量发展，确保边疆各族群众的主体地位。促进边疆民族地区经济社会的发展，最艰巨最繁重的任务是要在广大农村地区开展。各级党委政府需要下大力气全力做好巩固拓展脱贫攻坚成果，全面推进乡村振兴，加快边疆地区农业产业化，让产业覆盖广大人民群众，不断增加各族群众的收入。我国要加强边疆少数民族地区基础设施和公共服务体系建设，不断改善农村人居环境，将"防止返贫"作为巩固拓展脱贫攻坚成果同乡村振兴有效衔接的底线任务，要严格落实"四个不摘"要求，健全"防止返贫"动态监测机制和帮扶机制，消除边疆贫困地区少数民族各族人民群众的后顾之忧。如果没有产业，发展繁荣都是空谈。一方面，我国的边疆民族地区大部分分布在偏僻而广袤的山村和高原地区，地广人稀，交通落后，自然条件较为恶劣；另一方面，民族地区大多矿产和动植物资源丰富，风光优美，有条件根据自身的情况发展特色产业。同时，我国要激发边疆地区各族群众的主体意识，充分发挥当地各族群众的主观能动性和创造性，真正完成从"要我干"到"我要干"的转变。在实践中，政府要充分尊重各族群众的主体性，充分考虑当地的实际情况，让群众充分参与决策，不能忽视一些群众因为担心自己文化程度低、对外交流经验少而不敢、不愿意表达自己想法的情况，充分发挥农村基层党组织战斗堡垒的作用和党员先锋模范的作用，积极动员和引导群众参与到发展进程中来。

五、构建边境地区国内国际双循环相互促进的开放格局

维护世界和平发展，构建稳固的命运共同体，既是各民族国家的共同追求，又是中国探索生存与发展之路的必然选择。以"一带一路"倡议实施为例，其不仅提供了一个更具包容性的发展平台，有力促进了沿线国家经济社会的不断发展，而且还带动了边疆少数民族和民族地区的发展。因此，在推进边疆民族地区经济发展过程中，我国一方面需要激发其内生动力，另一方面还要注重把握外在动力，通过内外结合，构建起国内国际双循环相互促进的开放格局，确保各民族之间不论是从精神上还是从物质上都更加紧密地联系在一起，有力促进各民族之间经济社会又好又快地发展，推动铸牢中华民族共同体意识的建设。

第三章

边境地区创建铸牢中华民族共同体意识示范市的基础

第一节　民族团结为百色市创建铸牢中华民族共同体意识示范市奠定环境基础

　　民族团结是各族人民的生命线，只有不断加强民族团结，才能确保国家的安全统一。我国要始终把加强民族团结作为最大的群众工作、作为夯实社会稳定和长治久安的基础工程，坚定不移走中国特色解决民族问题的正确道路，坚定不移贯彻党的民族政策，充分发挥广大干部和各族群众的主体作用，推动各民族和睦相处、和衷共济、和谐发展，像石榴籽那样紧紧抱在一起，铸牢中华民族共同体意识，努力建设团结和谐、繁荣富裕、文明进步、安居乐业的中国特色社会主义之家。民族团结是各族人民珍惜的生命线，也是铸牢中华民族共同体意识的重要基础。

一、坚持以上率下，全覆盖开展结对认亲

　　边疆民族地区各级党组织紧紧聚焦在百色工作的总目标上，坚持把民族团结作为边疆地区各族人民的生命线、作为当地最大的群众工作，

切实加强组织领导，科学制定实施方案，高位推动活动开展。各级领导干部充分发挥示范作用，领导干部积极作出表率，带头结对认亲和联系走访，引领活动深入开展。政府要求全市各级行政事业单位干部每人至少结对联系一户基层群众，汉族同志联系少数民族群众、少数民族同志联系汉族或其他少数民族群众。我国深入开展"民族团结一家亲"的走访活动，结对认亲不断拓展延伸，各类企业、社会组织、普通居民也积极参与其中。近年来，全市各部门各单位与边疆地区各族群众结对认亲，实现了全市机关事业单位干部结对认亲基层群众全覆盖、与贫困户结对认亲全覆盖、与重点人员家庭结对认亲全覆盖的局面。

二、常态住户走访，做深做细做实群众工作

广大干部坚持定期走访结对认亲户，并在其家中居住，推动实现干部住户全覆盖、农户家有干部住全覆盖的局面。我国紧紧围绕宣传党和国家的政策、加强民族团结宣传教育、解决群众实际困难、做好去极端化工作、推进社会稳定和长治久安，这"五项重点任务"，用足用活结对子、勤走访、相互学、多活动、真帮扶、重激励"六个载体"，认真开展入户住户、走访宣传、教育引导、梳理问题、帮扶解困、化解矛盾等工作，切实做到与各族群众同吃、同住、同学习、同劳动，向各族群众送政策、送法律、送温暖、送文明，从细微处着眼、实际处入手，把为民服务的触角延伸到路口村头、田间地头，进百家门、知百家情、解百家难、暖百家心，将党的恩情和温暖细化、实化、具体化，把开展群众工作、了解社情民意、发现问题短板作为提升民族团结工作成效的着眼点和着力点，切实做好思想教育、心理疏导、亲情感化、化解矛盾等工作。各干部充分利用密切接触群众的时机，抓住生产生活中的细微事项，润物无声地触动各族群众的心灵深处，把各族群众紧密地团结在党和政府的周围。右江民族医学院针对结亲地区村民"看病难、看病贵"

等问题，在靖西市、那坡县乡镇卫生院建立"名医工作室"，轮流安排多学科专家利用结亲活动的有利时机，积极为村民提供健康咨询和专业医疗服务。

三、深度融情聚力，共建民族团结大家庭

机关事业单位坚持定期开展主题突出、形式多样、内容丰富、寓教于乐、生动活泼的民族团结联谊活动，多层次、多方式、多形式引导结亲干部职工与结对亲戚走动互动、互学语言、了解风俗、尊重差异、包容多样，促进各族干部群众在共同生产生活和工作学习中加深友谊、增进感情，自觉融入"共居、共学、共事、共乐"的环境中去，形成你中有我、我中有你、团结一致干事业的浓厚氛围。在中华民族传统节日和少数民族重要节日期间，结亲干部与结对亲戚一起包粽子、做抓饭、送祝福、共联欢，幸福满满，其乐融融；农忙时节结亲干部纷纷来到村里帮亲戚割稻谷、收玉米、收芒果等，在挥洒汗水、一起劳动中分享丰收的喜悦；农闲时组织村里的亲戚们开展"看历史、游家乡、爱祖国"参观学习的主题活动，让他们领略祖国的锦绣山河、灿烂文化，加强爱国主义教育，培育社会主义核心价值观；寒暑假时组织亲戚家的孩子们参加各类冬令营、夏令营，帮助他们开阔视野、增长知识，把民族团结的种子埋入孩子们的心灵深处。那坡县以推动建立各民族相互嵌入式社会结构和社区环境为抓手，大力创造各民族共居、共学、共事、共享、共乐的生产生活环境，共打造嵌入式村（社区）21 个。靖西市人民政府办公室搭建视频会话"网上会客厅"，构筑起相互沟通、增进友谊、互通信息的线上平台，建造了温馨和谐的民族团结之家。那坡县平孟镇驻地官兵，坚持"兵地一盘棋""兵地一家人"的思想，组织驻守边境官兵与地方少数民族群众结对认亲，推动形成经济融合发展、文化交融共建、维稳责任共担、民族团结共创的生动局面。

四、真心帮扶解困，最大限度争取凝聚人心

广大干部在开展"民族团结一家亲"的活动中，切实把结对亲戚的事当作自己的事，认真摸清基层群众的困难和诉求，积极为贫困群众出谋划策，帮助理清脱贫思路、拓展脱贫渠道、寻找致富门路，坚持干部当代表、单位做后盾，协调动员各方面的力量，着力解决各族群众最盼、最急、最忧、最怨的堵点、痛点，帮助解决生产生活和就医、就业、就学等难题，协调解决困难和诉求，及时排查化解矛盾纠纷，把风险隐患消除在萌芽状态中。我国坚持扶贫同扶志、扶智相结合，激发贫困群众摆脱贫困的内生动力，引导基层群众转变思想观念、摒弃陈规陋习、提高生活质量，推进文明新风进村入户，以一个个"微行动"践行民族团结的大主题，把"结亲周"做成了"为民服务周"。广大干部倡导以"树立新观念、培养新习惯、引导新起居、打造新厨房、建设新庭院"为内容的"美好新生活五新行动"，帮助结对认亲户改造庭院、拆土炕换新床、修建新式灶台和冲水式厕所，并为基层群众赠送洗漱用品和厨房用品。人社部门发挥职能优势，组织有就业意向的结对亲戚开展订单式的就业培训，对多名培训合格的人员直接推荐进企业就业，并鼓励有劳动技能的群众到周边厂矿企业务工。

五、深化宣传教育，积极传播民族团结正能量

各地各部门各单位充分利用新技术、新媒体，通过"民族团结一家亲"微信公众号、"我是一颗石榴籽"大型网络文化活动、"民族团结一家亲"主题采访活动等网上网下多平台、多角度、多层面地宣传"民族团结一家亲"活动，讲好民族团结故事，传播民族团结正能量，不断扩大活动社会效应，让活动更具吸引力、感染力和影响力。广大干部以结亲走访活动为契机，用通俗易懂的语言、喜闻乐见的形式、"滴灌式"的方法，切实做好对基层群众的宣传教育工作，让基层群众听得懂、看得见、记得住，真正入脑入心。政府采取互问互答、共学党报、观看学习强国手机 APP 等形式，广泛开展一对一、面对面的政策宣讲；坚持用好周一升国旗、村民大会、农民夜校等阵地，开展"深读精讲"；灵活采用茶余饭后读一读、聚会聊天说一说、家庭会议念一念、知识竞赛比一比等形式开展政策"微宣讲"；组织结亲干部、结亲户家庭代表开展发声亮剑，引导群众提高警惕、擦亮眼睛，切实同"三股势力"划清界限。例如，隆林各族自治县发挥文物资源富集、历史文化厚重的独特优势，组织开展"看历史、游家乡、爱祖国"的主题活动，让历史发声、让文物说话，自觉抵制"三股势力"的歪理邪说。各地方举办不同形式的民族团结宣讲、演讲、知识竞赛等，编印民族团结进步宣传资料并发放到各族群众手中，形成全市齐动员、共参与的民族团结进步创建氛围；在主要景区、医院、学校等地设置民族团结进步宣传牌、宣传橱窗、宣传墙（窗）等，利用形式多样的载体，展示和刊播宣传标语；强化市内主要媒体报网互动、台网互动，推出民族团结专题专栏，运用图文、音视频等形式，加大民族团结有关宣传报道力度；通过微博、微信、移动客户端等新媒体平台，大力宣传民族团结先进集体、个人典型事迹，牢牢掌握舆论主动权；创作一批优秀文艺作品，组织文艺工作者深入基层开展巡回演出，用艺术魅力感染全社会参与民族团结创建工作。

我国通过开展主题宣讲、组织文娱活动、公益广告宣传、拉挂固定标语和新媒体传播等宣传创建工作，把党的民族理论、民族政策学习和民族团结进步教育纳入各级党校、行政学院主体班的课程中，全面进入中小学校的课堂中。我国建设百色起义纪念馆、百色铁路地区红色教育基地等 2 个国家级和 5 个自治区级民族团结进步教育基地。

第二节 民生事业进步为百色市创建铸牢中华民族共同体意识示范市奠定群众基础

悠悠万事，民生为大。改革开放以来，我国经济取得了巨大的发展，人民生活水平大幅提高，但我们深知，满足人民对美好生活的向往还要进行长期艰苦地努力。我国要深入践行以人民为中心的发展思想，以求真务实的态度、迎难而上的担当、常抓不懈的执着，促进保障和改善民生的各项举措落地生根、开花结果，推动人的全面发展，使各族人民共同富裕取得更为明显的实质性进展，让发展成果更多、更公平地惠及各族人民群众。我国要增强各族人民的获得感、幸福感、安全感，以此夯实铸牢中华民族共同体意识的群众基础。

一、民生是人民幸福之基、社会和谐之本

民生，《辞海》释义"人民的生计"，即指老百姓的生活来源。不同时代和同一时代的不同时期，民生有着不同的内涵。党的十八大报告指出，"加强社会建设，必须以保障和改善民生为重点""在学有所教、劳有所得、病有所医、老有所养、住有所居上持续取得新进展，努力让人民过上更好生活"，将民生概括为"五有"。① 党的十九大报告丰富了民生概念，指出"增进民生福祉是发展的根本目的。必须多谋民生之利、多解民生之忧，在发展中补齐民生短板、促进社会公平正义，在幼有所育、学有所教、劳有所得、病有所医、老有所养、住有所居、弱有

---

① 胡锦涛在中国共产党第十八次全国代表大会上的报告［EB/OL］. 人民网，2012-11-18.

所扶上不断取得新进展。"① 将民生概念发展为"七有"。

民生是人民幸福之基、社会和谐之本。增进民生福祉是党坚持立党为公、执政为民的本质要求,让老百姓过上好日子是党一切工作的出发点和落脚点。

我国坚持在发展中保障和改善民生。经济发展是民生改善的物质基础,离开经济发展谈改善民生是无源之水、无本之木。我们的发展是以人民为中心的发展,如果发展不能回应人民的期待,不能让群众得到实际利益,这样的发展就失去了意义,也不可能持续。我国要坚持不懈抓发展,不断扩大经济总量,让改革发展成果更多、更公平地惠及广大人民群众。

抓民生也是抓发展。民生连着内需,连着发展。做好经济社会发展工作,民生是指南针。我国要持续不断改善民生,既能有效解决各族群众后顾之忧,调动人们发展生产的积极性,又可以增进社会消费预期,扩大内需,催生新的经济增长点,为经济发展、转型升级提供强大的内生动力。我国要全面把握民生和发展相互牵动、互为条件的关系,为经济发展创造更多有效的需求,使民生改善和经济发展有效对接、良性循环、相得益彰。

保障和改善民生既要尽力而为,又要量力而行。民生工作直接同老百姓见面、对账,承诺了就要兑现,决不能开空头支票,否则就会失信于民。我国要坚守底线、突出重点、完善制度、引导预期,持之以恒把民生工作抓好,一件事情接着一件事情办,一年接着一年干,锲而不舍向前走,让群众看到变化、得到实惠。同时,我国仍处于并将长期处于社会主义初级阶段,改善民生不能脱离这个最大实际,不能提出过高目

---

① 习近平在中国共产党第十九次全国代表大会上的报告 [EB/OL]. 新华网, 2017-10-27.

标。我国要坚持从实际出发，根据经济发展和财力状况逐步提高人民的生活水平，做那些在现实条件下可以做到的事情。我国通过民生保障制度建设，解决老百姓日常生活中的养老、医疗、就业、住房、教育等生存和发展问题，并着力提升民生水平，让人民群众有更多的获得感、幸福感、安全感，回答好发展"为了谁"的问题，能有效夯实党的执政基础，赢得人民群众的信任与拥护，争取到最大限度的民心支持。

二、增进民生福祉，推动各民族共同走向社会主义现代化

当前，边疆民族地区经济社会发展在取得历史性成就的同时，民生建设尚存短板，要满足各族人民日益增长的美好生活需要，我国的任务仍然非常艰巨。如何发展民生事业、提高福祉水平，关乎国家认同、政治稳固能否对铸牢中华民族共同体意识更具有决定性意义。

民生连着民心，民心关系国运。我国要以边疆民族群众的急难愁盼问题为切入点和突破口，切实解决好收入、就业、教育、社保、医疗、居住、养老等民生问题，牢牢守住不发生规模性返贫底线。我国要继续加大交通、教育、医疗、饮水、公共文化等基础设施建设的投入力度，重点推进新基建建设，提高行政村、抵边自然村的网络覆盖水平，推动"互联网+政务服务"向乡村延伸我国要推动公共服务供给方式向常住人口服务覆盖转变、向公共服务上门转变。我国要实施新一轮学前教育行动计划，合理优化中小学学校布局和教育资源分配，加强职业教育，全方位、多维度提升边民综合素质和技能水平。我国要推动边境地区与院校合作办学，大力推广在线教育等模式，弥补师资短板，完善国门学校等教育机构建设，深入开展"五个认同"教育，深入推进紧密型县域医疗卫生共同体建设，引导医疗卫生资源向抵边村倾斜，加强医护人员专业技能培训，更好地满足边民对高质量医疗服务的需求。我国要优化移民和边民分类补助机制，确保边民能够安心守边、护边，做神圣国

土的守护者、幸福家园的建设者。

持续改善民生，健全基本公共服务体系，努力提升基本公共服务均等化水平。我国要想推动民族地区公共服务发展，就要健全完善基本公共服务体系，持续推进基本公共服务均等化，着力扩大普惠性非基本公共服务供给，丰富多层次、多样化生活服务供给，处理好促进基本公共服务均等化和经济社会发展的关系。我国既要保证基本公共服务水平不断提升，特别是薄弱区域要加速改进，同时又要循序渐进，尽力而为、量力而行，确保基本公共服务体系建设的可持续性。要优先补齐基本公共服务的短板弱项，重点关注区域间、城乡间、人群间的基本公共服务差距，不断提高人均受教育年限，优化教育资源；不断提高人均预期寿命，积极推进医药卫生体制改革，特别是缩小县级层面医疗保障水平的差距；大力拓宽就业渠道，着力培育市场主体，大力扶持中小微企业，提高非国有企业的就业吸纳能力，突出抓好高校毕业生、农民工等重点群体的就业。多方协同发力，缩小收入水平差距，不断优化收入分配制度。民族地区应加快新技术转化，开展多层次的劳动力培训，提升人力资本，进一步缩小不同所有制之间、不同行业之间、不同职业之间的收入差距，要加大收入流动性，包括个人收入流动性和代际收入流动性。民族地区要正确处理效率和公平的关系，构建初次分配、再分配、三次分配协调配套的制度，在初次分配上更强调效率，再次分配应在社会保障和民生改善上下功夫，配合中央不断健全转移支付制度，加强资金使用效率，为民族地区开展社会慈善事业营造良好的环境。

三、百色市积极发展少数民族聚居区的社会事业，持续保障和改善民生

百色是后发展地区，发展少数民族聚居区社会事业任重道远。百色市以铸牢中华民族共同体意识为主线，促进边疆地区各民族共同团结奋

斗，共同繁荣发展，大力实施"四项工程"，支持边疆地区少数民族聚居区加快发展，加大对少数民族聚居区基础设施建设、产业结构调整的支持力度，优化经济社会发展和生态文明建设的整体布局，不断增强各族群众的获得感、幸福感、安全感。

（一）实施民族经济转型升级工程

我国大力支持各民族发展经济、改善民生，实现共同发展、共同富裕，积极适应高质量发展要求，不断推动民族经济转型升级。我国积极扶持民族企业发展壮大，支持民族经济商贸、餐饮、物流等传统产业转型升级，大力发展新兴产业，加快铝工业技术创新中心等项目建设，构建"多元并举、蓬勃发展"的民族经济格局，为民族经济发展积蓄新生力量，带动各族群众就业增收。

（二）实施少数民族聚居区暖心工程

将边疆少数民族聚居区基础设施改善纳入全市建设工作的"大盘子"中。完成 5.64 万套棚户区改造和 3.1 万套公租房分配，解决超过 30 万城镇居民住房困难的问题；学前三年毛入园率达 98.9%，九年义务教育巩固率达 97.7%，高中阶段毛入学率达 96.7%。三二医联体实现县（市、区）全覆盖，医保就医结算实现村级全覆盖，基本医保参保率稳定在 95% 以上，99% 的行政村建有公共服务中心，行政村农民体育健身工程覆盖率达 100%。

（三）实施老旧小区品质提升工程

以全市推进城市建设、改善群众居住环境、提升城市品位为契机，在少数民族聚居区实施背街小巷环境卫生整治、违建拆除、架空管线治理、路面硬化及修复、市场建设及占道经营、立面改造等工程，排查和拆除危房、地道、老化电线、残垣断壁等安全隐患，规划建设口袋公园、壮族风情小吃街，解决聚居区设施老旧、环境"脏乱差"的问题，全面提升少数民族聚居区环境品质。

（四）实施红色教育工程

抓住中华民族传统节日的契机，推动"我们的节日"系列活动进机关、进社区、进学校、进社会团体，组织开展清明扫墓、包粽子、手工制作月饼等活动，不断增强中华民族大家庭意识。以党史学习教育为载体，在少数民族聚居区中小学校园开展"国旗下的党史故事""老革命讲故事"、红色传统图文展等青少年党史学习系列活动，引导未成年人传承红色基因、赓续红色血脉。广泛开展爱国主义和民族团结进步主题教育"七个一"活动（每年召开一次主题班会、每个学生参加一次实践活动、学习一个典型模范、讲述一个故事、学唱一首歌曲、撰写一篇作文、参观一次展览），让民族团结进步理念入脑入心，铸牢中华民族共同体意识。组织各族青少年学生走出"课堂"，到百色起义纪念馆、纪念碑等红色教育基地，参加看一次红色基地、听一堂红色教育课、唱一首红色歌曲"三个一"活动，进一步深化革命传统教育，增强青少年"五个认同"意识。

第三节　文化繁荣为百色市创建铸牢中华民族共同体意识示范市奠定文化基础

文化，是一个民族知晓"我是谁""我从哪里来""我要到哪里去"的精神基础，是一个民族区别于其他民族的重要标志。习近平总书记在2022年3月5日参加他所在的十三届全国人大五次会议内蒙古代表团审议时强调，要推进中华民族共有精神家园建设，要正确处理中华文化和本民族文化的关系，为铸牢中华民族共同体意识夯实思想文化基础。增强中华文化认同是中华民族勠力同心、和衷共济发展中国特色社会主义文化的现实需求，是铸牢中华民族共同体意识、汇聚中华民伟大复兴磅礴力量的精神纽带。

一、准确把握、正确处理中华文化与各民族文化的关系

文化是一个国家、一个民族的灵魂，文化兴国运兴，文化强民族强。文化是历史的积淀，是智慧的结晶，引领着历史前进的方向和时代发展的潮流，昭示着人类从哪里来、到哪里去。中华民族迎来了从站起来、富起来到强起来的伟大飞跃，这将伴随着中华文化大发展、大繁荣。各民族要正确把握共同性和差异性的关系，就是要弄清楚哪些方面必须"同"，哪些方面存在"异"。增进共同性，各民族思想和行动要统一到党中央决策部署上来，统一到铸牢中华民族共同体意识这条主线上来，推动党的民族政策宣传落实和民族地区经济社会协调发展，切实增强各族干部群众树立"三个离不开""五个认同""五个维护"的思想意识，真正做到内化于心、外化于行。各民族要牢固树立国家意识、公民意识、中华民族共同体意识，增强家国情怀，始终把维护民族团结和国家统一作为各民族的最高利益，像爱护自己的眼睛一样爱护民族团结，像珍视自己的生命一样珍视民族团结。同时，各民族之间的差异性是长期存在的，各民族之间存在历史文化、语言、宗教信仰、人口、居住环境等不同情况，因此各民族文化发展也存在一定的差异性，各民族文化呈现出多元化的形式。在交往交流交融中我们要尊重各民族在饮食服饰、风俗习惯、文化艺术、建筑风格等方面的差异，以正确的世界观、人生观、价值观去观察世界、思考问题，避免不同民族思维上的片面性和极端化。增进共同性、尊重和包容差异性是中华文化认同的思想基础，也是做好新时代党的民族工作的重要原则。各民族只有顺应时代变化，顺应不同的生活方式与价值取向，按照增进共同性的方向，表现出兼容并蓄的包容情怀，使民族因素和区域因素有机结合，才能激发文化活力，不断推陈出新、共同发展。中华文化是各民族文化的统一体，

各民族相互了解、相互交往、相互学习、相互尊重，我国要尊重差异、包容多样、增进一体，创造各民族群众共居、共学、共事、共乐的社会环境，形成中华民族"和而不同"的文化共同体。各民族形成的文化差异并不会成为相互交往的鸿沟，反而成为增进不同民族之间相互了解的潜在资源。不同文化之间的共生是建设中华民族共同体的重要基础。各民族文化相互交融、相互促进，共同创造了中华文化，体现了中华文化的博大精深，各民族人民对共同拥有的中华文化的认同感和归属感，显示了中华民族厚重的文化底蕴和强大的民族凝聚力。中华各民族的文化，既有中华文化的共性，又有各自的民族特性。

二、增进团结，树立正确的中华民族历史观

我国是统一的多民族国家，中华民族多元一体是我国的一个显著特征。在 2019 年全国民族团结进步表彰大会上，习近平总书记提出了"四个共同"的重要思想，明确了正确的中华民族历史观的深刻内涵。

（一）我们辽阔的疆域是各民族共同开拓的

各族先民胼手胝足、披荆斩棘，共同开发了祖国的锦绣河山。秦代设置南海郡、桂林郡来管理岭南地区，汉代设立西域都护府来统辖新疆，唐代创设了 800 多个羁縻州府来经略边疆，元代设宣政院来管理西藏，明代清代在西南地区改土归流，历朝历代的各族人民都对今日中国疆域的形成做出了重要贡献。今天，960 多万平方千米的国土面积是各族先民共同开拓的，也是中华民族赖以生存和发展的美丽家园。

（二）我们悠久的历史是各民族共同书写的

在我国几千年的文明史中，我国历经先秦、秦汉、三国两晋南北朝、隋唐、宋辽夏金、元、明、清，既有汉族建立的政权，又有少数民族建立的政权。历史上，无论哪个民族入主中原，都以统一天下为己任，都以中华文化的正统自居。分立如南北朝，都自诩中华正统；对峙

如宋辽夏金，都被称为"桃花石"；统一如秦、汉、隋唐、元、明、清，更是"六合同风，九州共贯"。历史上的秦汉雄风、大唐气象、康乾盛世，都是各民族共同铸就的辉煌。

（三）我们灿烂的文化是各民族共同创造的

中华文化是各民族优秀文化的集大成。在文学作品上，各民族创作了诗经、楚辞、汉赋、唐诗、宋词、元曲、明清小说等伟大作品，传承了《格萨尔王传》《玛纳斯》《江格尔》等震撼人心的伟大史诗；在伟大工程上，各民族共同建设了万里长城、都江堰、大运河、故宫、布达拉宫、坎儿井等。中华文化之所以如此精彩纷呈、博大精深，就在于它兼收并蓄的包容特性。展开历史长卷，从赵武灵王胡服骑射，到北魏孝文帝汉化改革；从"洛阳家家学胡乐"到"万里羌人尽汉歌"；从边疆民族习用"上衣下裳""雅歌儒服"，到中原盛行"上衣下裤"、胡衣胡帽，以及今天随处可见的舞狮、胡琴、旗袍等，展现了各民族文化的互鉴融通。各族文化交相辉映，中华文化历久弥新，这是今天我们强大文化自信的根源。

（四）我们伟大的精神是各民族共同培育的

在中华民族悠久的历史长河中，农耕文明的勤劳质朴、崇礼亲仁，草原文明的热烈奔放、勇猛刚健，海洋文明的海纳百川、敢拼会赢，源源不断地注入中华民族的特质和禀赋，共同熔铸了以爱国主义为核心的伟大民族精神。近代以后，面对亡国灭种的空前危机，各族人民共御外侮、同赴国难，抛头颅、洒热血。在百年抗争中，各族人民血流到了一起、心聚在了一起，共同体意识空前增强，中华民族实现了从自在到自觉的伟大转变。各族人民共同培育的中华民族精神，成为推动中国发展进步的强大精神动力。

三、凝心聚力，促进各民族交往交流交融

多元一体的中华文化是各民族在交往交流交融过程中形成的伟大文明成果。中华文化的生命力就在于各民族文化相互交流、相互借鉴、相互融合，具有文化接受与输出的双重能力。近年来，百色市各民族间文化差别正逐渐缩小，地区重视保护传承少数民族的传统民族文化，当地许多少数民族传统文化特色得以充分保留。强化各民族交往交流交融，可以为各民族文化与中华文化、中华文化与世界其他文化之间的交流借鉴提供社会历史条件。随着提高各族群众对国家通用语言文字的接受度和使用度，各族群众之间的沟通将更加流畅，各民族间交往交流交融程度将不断加深，中华文化认同感也将持续加强。

百色市边疆民族地区在多年的民族交往交融中不断增进感情、在交流中加深认同、在交融中形成了共同体。各民族之间交往交流交融频繁，百色市结合各地区实际情况，特别是少数民族地区的实际情况，打造地区特色亮点项目，扎实推进民族团结进步示范创建的各项工作，结合百色市区位特点创新提出"铸牢中华民族共同体意识三带四线五基地"① 的工作思路得到国家民委民族团结促进司、广西壮族自治区民宗委等上级领导和中国社科院等民族领域领导专家教授的高度肯定和赞扬。其中"三带"即右江河谷百里长廊宣传教育示范带、南部边境强基固边宣传教育示范带、西北山区多彩民族宣传教育示范带，"四线"即以右江区为中心点，以田阳、田东、平果为主线的民族团结进步红色之旅示范线，以德保、靖西、那坡为主线的民族团结进步边关永固示范线，以凌云、乐业为主线的民族团结进步文秀精神示范线，以田林、西

---

① 百色市打造"三带四线五基地"开启创建全国民族团结进步示范市新模式［EB/OL］. 广西壮族自治区民族宗教事务委员会网，2021-09-28.

林、隆林为主线的民族团结进步牵手同心示范线，"五基地"即百色起义精神弘扬传承宣传教育基地，田阳瓦氏夫人为国抗倭宣传教育基地，平果生态铝工业发展宣传教育基地，靖西对越自卫反击战爱国主义宣传教育基地，乐业"七一勋章"获得者、"时代楷模"黄文秀优秀品质宣传教育基地。同时，百色市树立正面典型，推动重点行业、先进代表、模范人物发挥带头作用，通过经济贸易活动、社会公益活动、文化艺术活动等为各民族交往交流交融创造高效便捷、规范有序的条件。

四、锐意进取，加强社会主义文化强国建设

社会主义文化强国建设是增强中华文化自信、增强中华文化认同的底气。中华文化具有 5000 多年的悠久历史，是唯一没有断代的文明，拥有旺盛的生命力和创造力，是新形势下中华民族应对各种风险挑战的精神支撑。自党的十一届三中全会以来，随着我国改革开放程度的不断加深，西方多元意识形态、价值观念、文化观念对我国的文化发展产生了影响。开放，并不意味着放任自流；多元，并不意味着无序选择。中国作为当前世界上最大的发展中国家、最大的社会主义国家、多民族共存的国家，实现中华民族伟大复兴必须团结一致、同心协力，形成统一的价值共识，共同向社会主义现代化第二个百年奋斗目标奋勇前进。

任何一种意识形态、任何一种文化，都有一个占据统摄地位的旗帜和灵魂。对于社会主义意识形态、社会主义文化来说，其旗帜和灵魂就是马克思主义。我们应当认识到，我们党是马克思主义政党，我们国家是共产党领导的社会主义国家，我们建设的文化是社会主义文化，这就从根本上决定了任何时候都必须毫不动摇地坚持马克思主义。我国各领导干部要坚定信仰、保持定力，把坚持马克思主义在意识形态领域指导地位的根本制度贯彻到文化建设全过程的各领域，使坚持和发展马克思主义始终成为主旋律、最强音。习近平新时代中国特色社会主义思想是当代中国马克思主义、21世纪马克思主义，是党和国家必须长期坚持的指导思想。我国各领导干部要坚定不移地用这一思想武装头脑、指导实践、推动工作，更加自觉地用以统领新时代文化建设，具体落实到把握方向导向、创新思维思路、改革体制机制等各方面，推动中国特色社会主义文化守正创新、固本开新，努力建设具有强大凝聚力和引领力的社会主义意识形态，促进全体人民在思想上、精神上紧密团结在一起。

历史和现实表明，一个国家和民族要自立自强，首先在文化上要自觉自信。可以说，高度的文化自信，不仅决定着文化自身的繁荣发展，而且关系到国运兴衰、民族沉浮。中华民族素有文化自信的气度，正是有了这种文化自信心和自豪感，才形成了深厚的文化根脉和独特的文化优势，获得了坚守正道的定力、砥砺前行的动力、变革创新的活力。建设社会主义文化强国，文化自信既是思想基础和先决条件，又是根本标志和最终目的。我国要保持对中华文化理想和价值、生命力和创造力的高度信心，坚守中华文化立场，扎根中国特色社会主义伟大实践，进行文化创造，推动文化进步，大力发展面向现代化、面向世界、面向未来的、民族的、科学的、大众的社会主义文化，努力做到以坚定的文化自信建设文化强国，在建设文化强国中不断增强文化自信。

社会主义核心价值观既凝结着全体人民共同的价值追求，又蕴含着社会主义现代化的价值目标，是当代中国精神的集中体现，是凝聚民心、汇聚民力的强大力量。推动社会主义文化建设，必须抓住社会主义核心价值观建设这个根本，充分发挥其主导和引领的作用。我国要坚持把培育和践行社会主义核心价值观作为凝魂聚气、强基固本的基础工程，把弘扬包括伟大抗疫精神在内的民族精神和时代精神作为"重中之重"，强化教育引导、实践养成、制度保障，夯实全民族、全社会休戚与共、团结奋进的思想道德基础。要把社会主义核心价值观，体现到国民教育、精神文明创建、精神文化产品创作生产传播的全过程中，贯穿到国家治理体系和治理能力现代化建设的各领域中，使之融入经济社会发展和人们生产生活的方方面面，更好构筑"中国精神、中国价值、中国力量"。

在革命、建设、改革的各个时期，我们党总是根据自己的历史使命和中心任务，结合时代提出的重大课题，从全局上、战略上赋予思想文化工作应当肩负起的使命任务。"举旗帜、聚民心、育新人、兴文化、展形象"是以习近平同志为核心的党中央立足中国特色社会主义进入新时代的要求。这个新的历史方位，着眼充分发挥文化在推进"伟大斗争、伟大工程、伟大事业、伟大梦想"中的重要作用提出来的。"举旗帜、聚民心、育新人、兴文化、展形象"这五方面紧密联系、相互贯通、有机统一，标定了文化建设在党和国家事业发展全局中的新坐标，是开创文化发展新局面、推进文化强国建设的根本要求。我们要时刻牢记和主动担当新时代文化使命任务，坚持把"为人民服务、为社会主义服务"作为根本方向，把"围绕中心、服务大局"作为基本职责，把"统一思想、凝聚力量"作为中心环节，在时代和实践发展中展现文化新作为、新气象。

百色市积极打造各族人民守望相助的和谐家园，以"尊重差异、包容多样"的理念筑牢民族团结之基。广西百色的靖西市、那坡县与云南文山壮族苗族自治州麻栗坡县、马关县、富宁县等5县（市）组成了"民族团结进步示范创建联盟"，开展百色文山跨省（区）沿边连州市"民族团结进步创建联盟"的活动，促进各族人民相互了解、相互尊重、相互包容，提升中华民族共同体意识，推动民族团结、民族工作创新发展，筑牢民族团结之基，开展内容和形式丰富多样的民族文化交流活动。百色市通过联合举办"桂黔滇三省区"理论研讨会，分享交流民族文化、民族政策、民族经济、民族教育等方面的研究成果，提高理论研究水平；组织各民族共同参与"壮族三月三"等民族文化交流活动，促进各民族群众交往交流交融；保护并传承发展少数民族优秀传统文化；积极构筑各民族共有精神家园，夯实民族团结进步的文化基础；打造民族文化基地和同心文化广场，已有德保县那温村诗画田园的同心文化广场、靖西市锦绣彩球的同心文化长廊、凌云县平怀村桑梓情深的同心文化广场等一批"同心文化载体"的先行示范点相继建成并投入使用，充分发挥了民族团结进步宣传教育的功能，促进了各民族群众交往交流交融。边境县（市）通过开展升国旗护国旗、组织边民联防联巡等活动，引导各民族群众牢固树立国家意识，守护祖国边疆，实现边疆永固。百色市坚持正确的中华民族历史观，深入实施中华优秀传统文化传承发展工程，保护传承少数民族优秀传统文化资源，保护、抢救、整理少数民族古籍，保护非物质文化遗产，组织民族团结进步的宣传活动，打造民族特色村寨，开展民族风情旅游，建设民族团结示范点，营造了各民族和谐相处、守望相助、民族文化共同繁荣的浓厚氛围。

第四节　经济发展为百色市创建铸牢中华民族共同体意识示范市奠定物质基础

习近平总书记在中央民族工作会议上强调，铸牢中华民族共同体意识是新时代党的民族工作的"纲"，所有工作要向此聚焦。这就要求我们必须把铸牢中华民族共同体意识贯穿到民族工作的各领域、全过程中。当前民族地区发展不平衡、不充分的问题仍然相对突出，我们要找准把握新发展阶段、贯彻新发展理念、融入新发展格局、实现高质量发展、促进共同富裕的切入点和发力点，夯实铸牢中华民族共同体意识的经济基础。

一、经济发展对铸牢中华民族共同体意识具有重要作用

中华民族是个大家庭，各族人民心手相牵，团结奋进，我国经过持续努力，解决了绝对贫困的问题，全面建成了小康社会，正致力于在高质量发展中实现共同富裕，向全国建成社会主义现代化强国的目标迈进。为适应我国社会主要矛盾的变化，更好地满足人民日益增长的美好生活需要，我国必须把促进各族人民经济发展作为为人民谋幸福的着力点。各族人民共同团结奋斗，扎实推进共同富裕，有助于进一步铸牢中华民族共同体意识。新中国成立以来，在党中央亲切关怀和全国人民的大力支持下，民族地区干部群众奋发努力，经济社会发展迅速，许多贫困落后地区实现了"一步千年"的伟大跨越，但民族地区发展不平衡、不充分的问题依然相对突出。在普遍性地消除绝对贫困之后，各民族群众对缩小贫富差距、实现共同富裕提出了更高的要求。近年来，各级政府加大对民族地区基础设施建设的投入，加快调整产业结构的步伐，增强了各族群众的获得感、幸福感、安全感。我国必须加快民族地区发展，实现共同富裕，为铸牢中华民族共同体意识夯实基础。一方面，提升民族地区基本公共服务均等化水平和基础设施通达程度，扩大民族地区对外开放的区域，促使其主动服务和融入新发展格局；另一方面，继续发扬在脱贫攻坚和全面建成小康社会进程中各族儿女手足相亲、守望相助的精神。

在经济发展进程中，由于各民族所处的区位不一样、拥有的资源不一样、生产力发展水平不一样，导致了各民族经济社会发展不平衡、不充分的问题。多年来，各民族地区尽管取得了快速发展，但物质基础相对薄弱的客观事实不容忽视，我国必须及时缩小各民族地区之间的发展差距。我国是一个民族众多、地域发展不平衡的国家。在共同富裕的道路上，各民族对美好生活的追求不断得到实现，中华民族的凝聚力会更加强大，中华民族共同体意识会更加深入人心。铸牢中华民族共同体意识，需要切实夯实物质基础，确保改革发展的成果，更多、更公平地惠及各族人民。发展是解决民族地区各种问题的总钥匙，一方面，我国要进一步完善差别化区域支持政策，持续加大对民族地区尤其是边疆民族地区的支持力度，优化转移支付和对口支援机制，实施好促进民族地区和人口较少民族发展、兴边富民行动等规划，切实推动少数民族和民族地区的发展；另一方面，增强民族地区自我发展能力和可持续发展能力，特别是要激发欠发达地区少数民族群众的内生动力，强化教育和加大文化投入，革除"等、靠、要"的思想和"懒、散、慢"的心理，推动民族地区加快现代化建设步伐，让各族人民共创美好未来。

二、准确把握新时代党的民族工作的"纲"，助推边疆民族地区高质量发展

铸牢中华民族共同体意识是新时代党的民族工作的"纲"。我国要牢牢把握这个"纲"，推动各民族共同走向社会主义现代化。

中国共产党的领导是做好民族工作的根本保证，是维护中华民族大团结的根本保证。当今世界正处于动荡变革期，百年变局和世纪疫情交织叠加，中华民族伟大复兴进入关键时期，党的民族工作面临一些新的阶段性特征。我们要切实增强"四个意识"、坚定"四个自信"、做到"两个维护"，不断提高政治判断力、政治领悟力、政治执行力，牢记"国之大者"，坚持把党的领导贯穿民族工作的全过程、体现到各方面。

（一）强化责任落实

民族工作不是民族地区一隅之事，也不是统战、民族工作部门一家之责，而是全党的工作，大家必须共同来做。各级党委应认真履行主体责任，加强对民族工作的研究部署和支持保障，发挥统战部门牵头作用，认真履行统一领导民族工作的职责，加强上下沟通、左右协调，推动民族工作有序、有力地开展，提高民族工作部门的能力水平，当好参谋助手，加强民族领域依法行政的工作。

（二）强化机制保障

民族问题关乎大局，民族工作涉及方方面面，我们必须不断完善格局，才能形成强大合力。我国应坚持党委统一领导、政府依法管理、统战部门牵头协调、民族工作部门履职尽责、各部门通力合作、全社会共同参与的新时代党的民族工作格局，发挥各级党委统一战线工作领导小组和民委委员制的作用，加强统筹协调。我国要构建铸牢中华民族共同体意识宣传教育常态化机制，有效推进中华民族共同体建设。

（三）强化力量支撑

民族工作政治性、政策性、群众性都很强，没有过硬的队伍、过硬的本领是很难做好的。政府应坚持提能善政，组织引导统战干部和民族工作干部深入学习贯彻习近平总书记关于加强和改进民族工作的重要思想，使各部门干部全面学习掌握党的民族理论和方针政策，懂民族工作、会搞民族团结，不断提升做好民族工作、服务各族群众的水平。政府坚持重心下移，加强基层民族工作机构建设，配齐、配强民族工作力量，确保党的民族理论和民族政策到基层有人懂，民族工作在基层有人抓。

三、夯实经济社会发展基础，铸牢中华民族共同体意识

共同富裕是社会主义的本质要求，在共同富裕的道路上"一个群众都不能掉队、一个民族都不能少"体现了习近平总书记深厚的人民情怀。百色作为欠发达的边疆民族地区，实现各族人民共同富裕的任务更艰巨。近年来，百色市继续坚持"以人民为中心"的理念，打造共同富裕的幸福家园。

（一）全面推进边疆民族地区乡村振兴

百色民族地区要全面推进乡村振兴，持续巩固拓展脱贫攻坚成果同乡村振兴有效衔接，守住不发生规模性返贫的底线，不断完善路、水、电、文化、教育、卫生、体育等基本公共服务设施，聚焦乡村产业振兴、人才振兴、文化振兴、生态振兴、组织振兴，不断推动民族地区农业升级、农村进步、农民发展，建设农民幸福生活的美好家园，实现各族人民共同富裕。

（二）深入贯彻新发展理念

百色要持续以建设"两市两区"为抓手，加速铝"二次创业"，推进百色重点开发开放试验区建设，主动对接融入粤港澳大湾区发展，不断适应新发展阶段，贯彻新发展理念，构建新发展格局，切实解决发展不平衡、不充分的问题，扎实推动百色市经济社会高质量发展，促进全市各族人民共同富裕。将民族地区现代化建设融入新发展的格局中，是铸牢中华民族共同体意识、实现中华民族伟大复兴的内在要求。民族地区要在全局中找准定位，确定航标，才能在实现"两个共同"的过程中找到发展的可能性。"一带一路"相契合，将百色边疆民族地区打造成为向西南和向南开放的新高地。

（三）持续开展兴边富民行动

百色持续开展兴边富民行动，用足、用活、用好国家各项支持政策，推进民族地区边境建设，通过建立国际商贸物流中心、新兴边民互市点、边境经济合作区，提升沿边开发、开放水平，促进边境贸易快速发展，推动民族边境地区繁荣稳定、人民生活富裕，加快经济发展和民生建设，夯实民族团结进步的物质基础。百色开工建设涉及基础设施互联互通、产业开放合作、重点民生工程、兴边富民和生态环保等领域中的重大项目。百色加大对少数民族聚居区的扶持力度，实施兴边富民行动和特色村寨建设。多个兴边富民示范创建点获命名"广西兴边富民行动示范单位"，多个村屯获命名"中国少数民族特色村寨"和获命名"广西少数民族特色村寨"。百色持续改善农村基础设施条件，实现自然村通电、通路、通网络、通广播电视、有安全饮用水、有医疗卫生服务、有社会保障等全覆盖，不断夯实经济社会发展，有力促进中华民族共同体牢不可破。

第四章

边境地区创建铸牢中华民族共同体意识示范市的战略目标

第一节　百色创建铸牢中华民族共同体意识示范市是促进民族团结和维护国家统一的重要基石

我国是一个统一的多民族国家，"辽阔的疆域是各民族共同开拓的"。祖国的边疆承载着中华民族丰富的政治情感和深刻的历史记忆，历史的经验证明，边疆战略的成败得失，"对于作为一个整体的统一多民族国家——中国的形成、发展，具有重大影响"。边境地区处于对外开放的前沿，是确保国土安全和生态安全的重要屏障，在全国改革发展稳定大局中具有重要战略地位。习近平总书记指出："没有国境的安宁，就没有万家的平安。"① 在两个一百年的重要历史交汇点，面对百年未有之大变局，铸牢边民的中华民族共同体意识，关乎边疆治理、边疆稳固、国家安全、民族团结，对实现中华民族伟大复兴具有重大的现实意义。

广西百色市位于广西壮族自治区西部，北部与贵州省接壤，西部与

---

① 习近平总书记给西藏隆子县玉麦乡牧民卓嘎、央宗姐妹的回信 [EB/OL]. 新华社，2017-10-29.

云南省毗连，南部与越南交界，东部和东南部与南宁市、崇左市相连，东北部与河池市为邻。全市辖 12 个县（市、区），135 个乡镇（街道办事处），总面积 3.63 万平方千米，总人口 400 万人，是广西面积最大的地级市。百色是一个集革命老区、少数民族地区、边境地区、大石山区、水库移民区"五区一体"的特殊区域，是著名"杧果之乡"和重要的铝工业基地。1929 年，邓小平、张云逸、韦拔群等老一辈无产阶级革命家曾在这里发动了威震南疆的"百色起义"，创建了中国工农红军第七军和右江革命根据地。全市现有汉、壮、瑶、苗、彝、仡佬、回等 7 个世居民族，少数民族人口占全市人口的 87%；与越南交界，边境线长 359.5 千米；全市山地面积占全市总面积的 95.4%，有 49 万水库移民。当前，百色是我国面向东盟开放合作的前沿和窗口，战略地位突出，备受党中央、国务院的关心和厚爱。

百色市边民世代居住在边境地区，有抗击外敌入侵、保家卫国的历史记忆；与他国相邻，能从比较中真切地感受中国特色社会主义制度的优越性，产生民族自豪感；日常接触的国境线、界碑、口岸、国门、国旗、国徽等标识，所从事的巡边、护边等工作，能激发百色市人民守边固边的使命感，等等。这些代表爱国的资源，有利于促进边民建立"五个认同"，铸牢中华民族共同体意识。长期的地理阻隔造成的交流受限，使边民对中华民族共同体的认知不足；经济社会发展相对落后，在一定程度上影响了边民的认同深度；较强层级民族认同、国民教育落后、国家通用语言文字普及欠佳等，也增加了中华文化传播和民族融通的困难；跨境而居、外来影响大、社会环境复杂等，也对铸牢边民的中华民族共同体意识形成一定的制约。百色市创建铸牢中华民族共同体意识示范市，促进民族团结和维护国家统一显得尤为重要，既要遵循铸牢的一般规律，又要针对特殊制约因素，采取切实措施。

一、强化兴边富民行动，铸牢边民中华民族共同体意识

兴边富民行动，是 1999 年由国家民委联合国家发展改革委、财政部等部门倡议发起的一项国家级边境建设专项工程，其宗旨就是振兴边境、富裕边民。兴边富民行动，是加快边境地区发展的重要载体，也是加强新形势下民族工作的重要举措。由于该工程为边疆群众"办实事，解难题"，有力促进了边境地区的经济社会发展和边民生活水平的提高，被边民亲切地称为"德政"工程。

遵照习近平总书记关于边疆治理的重要论述，百色市要做好兴边富民行动的"十四五"规划，除了继续加大对边境地区的财政支持、加强和完善基础设施建设、帮助发展特色产业、保护自然生态环境、提升基本公共服务水平等之外，要更加重视铸牢边民的中华民族共同体意识，将这一民族工作的主线贯彻"兴边富民行动"的全过程。在"十四五"规划中，百色市就文化润边、共有家园建设、五个认同教育、民族团结进步创建等设立专题项目，做到规划具体、措施得当、配套到位、领导有力、监督落实，使铸牢工作与基础设施建设、特色经济发展、民生改善等工作紧密结合，相得益彰。我国各级干部要按照中央的统一部署，以全国民族团结进步示范市创建为抓手，促进百色市边境地区高质量发展，为实现"富民、兴边、强国、睦邻"做出新贡献。

二、加强基础设施建设，促边民更好地融入中华民族大家庭

加强百色市边境地区基础设施建设，既是国防现代化的需要，又是提升边境地区发展能力和边民生活质量的要求。交通等基础设施的完善，不仅能有效缩短边疆与内陆的空间距离，促进民族之间的交往交流交融，而且能使边民的生活更便利，促进产业发展和产品流通，增加边

民收入，使边民更好地融入中华民族大家庭。电力、通信、网络、广播电视等设施的完善，亦能有效地满足边民的物质与文化生活需求，提升国家政策与中华文化的传导效应，增强边民的"五个认同"。

2021年7月22日，习近平总书记在考察西藏时指出："要统筹谋划好西部边疆铁路网建设，充分论证、科学规划，更好服务边疆地区高质量发展和广大人民群众高品质生活。"① 在社会主义现代化建设的新阶段，国家要争取继续加大对百色边境地区的扶持力度，适当减少或免除基础设施建设项目的地方配套资金；以交通、信息、物流等建设为重点，以边疆铁路网建设为主干，提升边境地区公路等级，如加快推进沿边铁路建设，加快推荐百色至那坡高速路建设，畅通乡村道路交通，构建起边境地区现代化基础设施体系。政府要鼓励边民通过网络，增加与外界的联系与交流，开阔视野，转变观念，共享发展成果，更好地融入中华民族共同体。

2016年，在党中央的安排部署下，深圳结对帮扶百色，从此，百色大地的发展迎来了"加速度"。2020年年底，在各方共同努力下，百色市打赢脱贫攻坚战，同全国人民一起迈入小康社会，继续推动边境地区发展和乡村全面振兴。为了推进边境地区基础设施建设与社会发展，百色要继续抓住"深圳对口支援百色"的政策优势。这种对口支援帮扶不仅对百色边境地区的经济社会发展有直接的推进作用，而且能使边民感受制度的优越性和中华民族大家庭的特殊情谊，有效增加边民对制度与国族的认同。

三、繁荣边境地区经济，为铸牢边民共同体意识提供物质保障

物质生活状况是影响边民中华民族共同体意识最基本的因素之一。

---

① 习近平在西藏考察时强调全面贯彻新时代党的治藏方略 谱写雪域高原长治久安和高质量发展新篇章［N］. 人民日报，2021-07-24（01）.

在改革开放背景下，边民对自身生存状态的关注更为强烈。如果边境地区的发展相对落后，边民生活水平与邻国比较下降，就会在边民中形成挫折感和相对的剥离感，影响边民对中华民族共同体的认同，甚至出现边民外流现象。

改革开放以来，我国边民的生活得到较大改善，已消除绝对贫困，但边民的相对贫困将长期存在，而且存在较大的返贫风险。总体来看，边境地区产业结构单一，农产品深加工、特色产业发展缓慢，边民收入渠道窄，生产要素和资源优势难以形成集聚效应。口岸附近的企业订单减少、进出口贸易萧条，许多边民外出务工，农村"空心化"现象凸显。据调查。2019 年广西壮族自治区那坡县边境每千米就有 4240 人外出务工，外出务工占该区域总人口的 10.31%。

产业是经济发展的支柱，也是边境地区留住人的关键，边境地区要依托口岸优势，加大招商引资力度，努力打造企业品牌；结合边境实际，建立农产品种植、研发、收购、加工链条式循环经济。百色市深入贯彻落实党中央、国务院和自治区党委、政府关于兴边富民的决策部署，深入实施边境地区产业振兴行动，取得显著成效。全市实施边境富民重点项目 31 个，截至 2021 年 10 月底，累计开工项目 24 个，竣工项目 9 个，累计完成投资 12.85 亿元。

百色市坚持将产业发展作为提升边境地区经济社会发展水平的根本之策，立足自身资源，发挥区位优势，大力推动产业提质升级。百色市大力发展边境加工产业，推进新型生态铝产业高质量发展，依托铝土矿资源，强化龙头企业招引，突出延链、补链、强链，引进鲁桂铝业、百银铝业等铝材加工企业。2021 年 1 月至 10 月，边境铝工业产值达 130.11 亿元。培育新能源电池新兴产业，形成"锰矿—电解二氧化锰—锰锂系动力电池"产业链条，湘潭电化尖晶石锰酸锂、磷酸铁锂等 5 个电池正极材料项目陆续投产，恒科新能源等 2 个负极材料项目加快落地投产，预计全年边境锰产业产值 33 亿元。百色市大力发展特色农业，培育水果、桑蚕、中药材、生猪等特色产业，截至目前，百色边境地区水果种植面积 24.1 万亩、桑园面积 28.6 万亩、中药材种植面积 6.4 万亩、生猪年出栏 29.8 万头。百色市引进那坡同益新丝绸科技实业有限公司等行业龙头企业，努力打造"桑蚕茧收购—蚕茧智能化饲料养殖—白厂丝生产—绸布纺织—炼染数码印花"的茧丝绸全产业链。靖西市化峒镇、那坡县德隆乡入选全国农业产业强镇创建名单，它们大力完善园区平台，靖西边境经济合作区获自治区批复，加快建设锂电池产业园，已引进落户企业 19 家，实现产值约 37 亿元。那坡龙岗边境贸易扶贫产业园项目加快建设步伐，累计完成投资额 7300 万元。

广西百色加快开发开放试验区建设，开放平台效能明显提升。一批平台性项目实现开工，中国—东盟农产品交易中心、百色现代林业产业园等加快建设。百色市实施"中国—东盟农产品交易中心"供应链提升工程，打造"买全国、卖东盟，买东盟、卖全国"大物流基地；实施口岸建设提升三年行动，将龙邦口岸建设成为西南地区通往越南乃至东盟的边境陆路枢纽口岸，推动平孟口岸提升为国际性口岸并扩大开放至弄平通道。百色市加快实施"口岸+"工程，推进靖西边境经济合作区、那坡边境经济合作区的申报，大力引进商贸物流龙头企业，建设综合物流园区，完善口岸配套功能，实施边境贸易创新发展提升工程，大力发展互市贸易进口商品落地加工，推动形成"互市贸易+落地加工+电子商务"的新模式。百色市大力推行"互市贸易+合作社+落地加工"模式，成立边贸合作社 24 家，社员 8505 人，边民通过参与互市贸易、到落地加工企业就业等，月均收入 2300 元至 3500 元不等。百色市探索开展边境小额贸易业务试点，给予非边境县（市、区）企业边境小额贸易经营权，释放边境贸易红利。边境基础设施逐步完善，先后建成百色至靖西、靖西至那坡、那坡至富宁、崇左至靖西、靖西至龙邦等 5 条高速公路，相继建成那坡至平孟二级公路等。那坡至平孟口岸、合那高速公路岳圩口岸支线公路 2 条正在建设中；G219 安宁到湖润项目于四季度开工建设。边境地区 100% 的乡镇、100% 的建制村通沥青（水泥）路、通客车。百色市加快农村饮水安全巩固提升、农村电网改造等项目建设，实施 1265 个边境饮水安全巩固提升项目。在乡村振兴工作中，百色将边境地区纳入重点帮扶的范围，使每一个乡村都不掉队，使每一个边民都能共享乡镇振兴的成果。百色市通过"美丽边境建设"彰显中国特色社会主义的优越性，增强边民"四个自信"，为铸牢边民的中华民族共同体意识提供厚实的物质基础。

第二节　百色创建铸牢中华民族共同体意识 示范市是凝聚民族精神的必要手段

一百年来，中华民族历经沧桑，始终初心不改，饱经风霜，始终本色依然，艰苦卓绝，始终斗志昂扬，靠的就是坚定的信仰，靠的就是民族的凝聚力，为的就是实现中华民族伟大复兴的中国梦。在多年的艰苦奋斗中，全国各民族始终同呼吸、共命运，而民族团结正是中华民族自强不息、繁荣昌盛的力量源泉。

边疆民族地区百色市始终紧紧围绕"中华民族一家亲，同心共筑中国梦"的总目标，着眼铸牢中华民族共同体意识、增进"五个认同"，深入开展铸牢中华民族共同体意识教育，促进边疆地区各民族之间广泛交往交流交融，全力构筑民族共有的精神家园。

百色市坚持把爱国主义教育作为创建铸牢中华民族共同体意识示范市的核心内容，邓小平、张云逸等老一辈无产阶级革命家在广西百色给我们留下了大批宝贵的红色资源。

一、突出党员干部中坚力量，着力加强理想信念教育

百色市各级党组织把用好红色资源、传承红色基因、赓续红色血脉作为重大政治责任，把红色革命文化传统资源优势转化为边境民族教育优势，打卡革命传统教育基地、听红色故事、重走红军路……采取多种形式开展边境民族教育。百色市充分利用革命遗址遗迹、纪念馆、博物馆等红色资源，发挥革命英烈、时代楷模示范引领的作用，以重大节日和纪念日为契机开展主题活动，引导广大党员、各族干部群众深刻领悟中国共产党人精神谱系的丰富内涵和时代意义，传承红色基因，赓续红色血脉。百色市健全完善红色资源的开发保护、利用长效机制，发挥红色资源在边境民族教育、党性修养锻炼中的教化功能和作用。百色市充分发挥百色红色资源优势，组织策划系列打卡红色教育基地的主题学习活动，在全市范围内掀起红色文化学习和宣传热潮。百色市编印红色资源推介名录，建立红色故事库，将内涵丰富的红色文化精神融入党员、各族干部教育的过程中，用"红色教育"占领思想"阵地"。在各类党员、各族干部群众的教育培训中大力开展革命传统和理想信念教育，量身定制教学方案，探索"专题教学+现场教学+体验互动"教学模式，通过"学习一堂专题课、参观一批革命遗址、祭拜一次革命先烈、体验一次艰苦行军、听取一系列红色故事、观看一集微党课、分享一次学习心得"等"七个一"红色教育培训模式，满足不同班次的培训需求，使广大学员、干部在课堂中感知、在现场中感悟、在互动中提高。百色市深入挖掘红色资源内涵，开发情景党课、红色艺术党课等，以小党课呈现大事迹，引发情感共鸣，坚持突出特色、优化布局、联动开发，统筹百色和周边县市红色资源，组织开展"小平足迹之旅"的红色研学，建设形成"连点成线"的红色教育培训大格局。

二、突出面向各族青少年群体，着力加强革命传统教育

百色市依托地处革命老区的独特优势，建设一批红军小学，让红色基因根植于各族青少年的心灵中，让红色血脉代代相传。学校要充分发挥红色文化资源的资政育人作用，建立长效学习机制，在各类重大节日、纪念日、节假日中，有针对性地组织开展各族青少年革命传统教育，组织学生走进百色起义纪念馆、粤东会馆、田东右江工农民主政府旧址等爱国主义教育基地，实地学习、了解历史知识，现场体验、感悟革命精神，让其思想受到触动，心灵得到洗礼。学校要邀请老红军、老民兵等为师生做革命传统报告，组织百色起义纪念园管理中心的讲解员进校园开展巡讲活动，全方位讲好党的故事、革命故事、英雄故事和百色起义故事。学校要积极营造红色育人氛围，在学校教学区、办公区打造党史学习长廊，建设校园"微党史馆"，让师生在耳濡目染中增进对红色精神的认同。学校要大力推进红色乡土教材、红色书籍进校园，充分发挥课堂教学主渠道的作用，推动"四史"教育"进课堂"，引导各族青少年扣好人生的第一粒扣子。

三、突出弘扬黄文秀优秀品质，着力开展"为民办实事"

黄文秀是近年来全国先进典型的优秀代表之一，已成为百色红色文化的新标志。百色市认真贯彻落实习近平总书记的有关重要指示精神，用心用情把学习宣传黄文秀同志的优秀品质不断引向深入，突出"传承红色基因、学习时代楷模"的实践特色，通过各级组织生活会、座谈交流、参观黄文秀纪念展等多种方式，学习黄文秀的先进事迹。对黄文秀同志的优秀品质，我们要学习她"初心为民"的时代精神，深入践行"以人民为中心"的发展思想，巩固拓展"我为群众办实事"的

实践活动成果。百色市持续设立"文秀先锋岗",开展"黄文秀式好干部"评选,充分发挥各级党组织战斗堡垒的作用和党员先锋模范的作用,用心、用情、用力解决群众的操心事、揪心事、烦心事,不断增强人民群众的获得感、幸福感、安全感。国家围绕、巩固、拓展脱贫攻坚成果、全面推进乡村振兴,围绕加强城乡公共服务、解决人民群众急难愁盼的问题,制订年度民生实事计划并跟进抓好落实。各级干部要满腔热忱地为群众办实事、解难事,实打实解决一批难题、攻下一批项目、办成一批实事,用党员、干部的"辛苦指数"换来人民群众的"幸福指数"。

四、突出红色资源时代价值,着力提升宣传展示水平

百色市深入挖掘红色资源文化内涵,改进展陈方式,丰富观展体验,增强参与度、互动性、沉浸感,创新学习方式,采用线上+线下、理论+现场、体验参与等不同的学习模式,精心打造常学常新的革命传统教育的生动课堂。百色市积极构建宣传教育联合开发渠道,探索尝试从历史、人文、文艺等不同视角,推出集思想性、艺术性和观赏性于一体的红色文艺精品。百色市突出百色红色印象地方特色,借鉴其他省市印象剧的成功经验和现实热度,以舞台情景故事的形式展现百色红色文化资源。百色市巧用微信公众号、官方网站、抖音视频等新媒体矩阵,开展线上宣传教育,应用 5G 网络+VR 场景再现,结合声、光、电等现代化信息技术,推出边境民族教育线上线下直播课堂,让广大干部群众身临其境地感受党史故事中的生动情节,提高红色资源的感召力和吸引力。百色市在各族人民群众中广泛开展互交感情、互学文化、互帮关爱、互传技术、互建和谐、互谋发展的活动,像爱护眼睛一样爱护民族团结的观念,把这种观念牢牢铭刻在各族人民心中。百色市在村(社区)开展民族团结进步促进会,设立民族工作服务站,开展"民族团

结邻居节""好邻居天天见""民族一家亲"等特色活动，持续营造亲如一家的社会氛围。百色市开展"百色好人·最美民族团结之星"评选活动，在边境地区选出了一大批民族团结进步示范点和模范个人典型，极大地激发了各族干部群众谋发展、讲团结、守边疆、保稳定的热情，不断夯实稳边固边的社会基础。

百色市挖掘丰富的民族文化资源，增加文化认同感、归属感，弘扬以爱国主义为核心的民族精神，凝聚民族力量，使各族群众向着爱国、敬业、诚信、友善学习，自觉排斥社会不良风气和消极有害的思想，内化精神为动力，促进国家和民族发展。

第三节　百色创建铸牢中华民族共同体意识示范市是建设壮美广西共圆复兴梦的现实要求

广西是我国少数民族人口最多的自治区。党的十八大以来，广西各族人民在以习近平同志为核心的党中央坚强领导下，始终高举民族团结进步的伟大旗帜，像爱护自己的眼睛一样爱护民族团结，凝聚起各民族大团结的力量，战胜了一个又一个的艰难困苦，决战脱贫攻坚取得全面胜利，经济社会持续健康发展，美丽广西加快建设，人民生活显著改善，使广西与全国同步建成小康社会。我国站在新的历史起点，继续走好实现第二个百年奋斗目标、新的赶考之路，动员和团结八桂各族人民积极投身习近平新时代中国特色社会主义壮美广西建设，努力做到七个"必须"，切实铸牢中华民族共同体意识。

一、必须坚持党的全面领导

党的十八大以来，以习近平同志为核心的党中央站在坚持和发展中国特色社会主义、实现中华民族伟大复兴的战略高度，谋划部署和推进新时代党的民族工作，形成了习近平总书记关于加强和改进民族工作的重要思想，民族地区经济社会持续发展，各民族交往交流交融更加广泛深入，民族事务治理能力和治理水平不断提升，中华民族自信心、自豪感空前激发，凝聚力、向心力极大增强，呈现出中华民族一家亲、同心共筑中国梦的良好局面。历史充分证明，只有中国共产党才能将我们这个地域辽阔、人口众多的多民族国家凝聚起来，只有中国共产党才能实现中华民族的大团结。做好新时代党的民族工作，必须加强和完善党对民族工作的全面领导。

坚持党对民族工作的全面领导，必须坚决贯彻落实党中央对民族工作的决策部署。坚持党的领导首先是坚持党中央集中统一领导。我国要维护党中央权威，确保党中央政令畅通，增强"四个意识"、坚定"四个自信"、做到"两个维护"，不断提高政治判断力、政治领悟力、政治执行力，牢记"国之大者"，完整、准确、全面把握和贯彻习近平总书记关于加强和改进民族工作的重要思想，坚定不移地走中国特色解决民族问题的正确道路，全面贯彻党的民族理论和民族政策，坚持和完善民族区域自治制度，以铸牢中华民族共同体意识为主线做好各项工作，把各族干部群众的思想和行动统一到党中央决策部署上来，必须完善党领导民族工作的体制机制。各级党委要认真履行主体责任，将民族工作纳入重要议事日程中，经常听取民族工作情况汇报，及时研究解决民族工作中的重大问题，大力支持民族工作部门围绕铸牢中华民族共同体意识来加强自身建设，把党的领导贯穿民族工作全过程，形成党委统一领导、政府依法管理、统战部门牵头协调、民族工作部门履职尽责、各部门通力合作、全社会共同参与的新时代党的民族工作格局。要加强基层民族工作机构的建设和民族工作的力量，确保基层民族工作有效运转。我国必须加强民族地区和民族工作干部队伍和基层党组织建设，坚持新时代好干部标准，努力建设一支维护党的集中统一领导的态度特别坚决、明辨大是大非、立场特别清醒、铸牢中华民族共同体意识的行动特别坚定、热爱各族群众感情特别真挚的民族地区干部队伍，确保各级领导权掌握在忠诚干净担当的干部手中。我国要更加重视、关心、爱护在条件艰苦地区工作的一线干部，吸引更多优秀人才，重视培养和用好少数民族干部，对政治过硬、敢于担当的优秀少数民族干部要充分信任、委以重任。民族地区要重视基层党组织建设，加强干部作风建设，使之成为坚强战斗的堡垒。我国要加强民族地区基层政权建设，夯实基层基础，确保党的民族理论和民族政策到基层有人懂、民族工作在基层有人抓。

做好民族工作，关键在党。在全面建设社会主义现代化国家新征程中，我们要坚持党对民族工作的领导，全面把握和贯彻习近平总书记关于加强和改进民族工作的重要思想，坚定不移走中国特色解决民族问题的正确道路，以铸牢中华民族共同体意识为主线做好民族工作，中华民族大团结必将更加巩固，中华民族伟大复兴必将拥有更加光明的未来。

二、必须坚持以人民为中心的发展思想

坚持以人民为中心的发展思想，必须努力解决发展不平衡、不充分的突出问题。社会主要矛盾的运动变化决定社会发展的阶段和时代，带来关系全局的历史性变革。我国社会主要矛盾已经转化为人民日益增长的美好生活需要和不平衡不充分的发展之间的矛盾。不平衡不充分的发展，成为满足人民日益增长的美好生活需要的主要制约因素。中国特色社会主义进入了新时代，我国发展处于新的历史方位，社会主义主要矛盾发生了转化。新时代人民对美好生活需要日益广泛，不仅对物质文化生活提出了更高要求，而且在民主、法治、公平、正义、安全、环境等各方面的要求都在日益增长。社会主要矛盾的发展变化使新时代体现出新特点、新特征，也为如何满足人民各方面的需要提出了新任务、新要求。我们只有解决好发展不平衡不充分的突出问题，才能满足人民对美好生活日益广泛的需求和对美好生活的向往，实现发展的根本追求和目标。

坚持以人民为中心的发展思想，必须全面贯彻落实创新、协调、绿色、开放、共享的新发展理念。坚持以人民为中心的发展思想与创新、协调、绿色、开放、共享的新发展理念二者的精神实质是一致的，都是为了实现人民利益、体现人民主体地位、彰显社会主义本质要求的思想观念。在继续推进中国特色社会主义伟大事业的进程中，坚持以人民为中心的发展思想是指导思想和基本方略；在现实发展和推进经济建设中，新发展理念是具有根本性、战略性的要求的。我们只有落实新发展理念，才能实现更高质量、更有效率、更加公平、更可持续的发展，才能真正落实以人民为中心的发展，更好地实现人民的根本利益。

坚持以人民为中心的发展思想，必须朝向实现人民共同富裕和人的全面发展长远目标不懈努力。共同富裕是我国人民长久以来的社会理想期盼，是社会主义本质的内在要求和价值目标。马克思、恩格斯构想的、我们所奋斗追求的未来理想社会，应该是一个在社会生产力高度发达、社会财富极大丰富的基础上，真正实现社会共享、实现人民共同富裕、实现每个人自由和全面发展的社会。应对当前我国进入新时代发展面临的新变化，我国要实现高质量发展，实现改革成果由人民共享，要更加注重公平与正义，才能朝向促进人的全面发展、全体人民共同富裕的目标不断迈进，这是社会主义的本质体现，也是全面建成小康社会、实现民族伟大复兴目标的内在要求。

三、必须全面贯彻党的民族理论和民族政策

在八桂大地上，生活着壮、汉、瑶、苗、侗、仫佬、毛南、回、

京、彝、水、仡佬 12 个世居民族和 44 个其他民族。壮乡各民族在漫长的历史长河中，造就了地缘上的交错杂居、文化上的兼收并蓄、经济上的相互依存、情感上的相互亲近，形成了你中有我、我中有你、谁也离不开谁的多民族共同体。在建设壮美广西新征程上，我们必须持续对标习近平总书记关于民族工作重要讲话指示的要求，全面落实党的民族理论和民族政策，确保中央民族工作大政方针在八桂大地上落地生根、开花结果。一要牢牢把握习近平总书记关于"只有中国共产党才能实现中华民族大团结"的重要论断，更加自觉地坚持党对民族工作的全面领导。应对内外部环境的深刻变化，夺取边疆安宁和经济社会发展双胜利，要求我们要坚定不移地走中国特色解决民族问题的正确道路，持续加强党的民族理论和民族政策学习教育，引导各族干部群众树立"四个意识"、坚定"四个自信"、做到"两个维护"，确保全区民族团结进步事业始终沿着正确的方向前行。二要牢牢把握习近平总书记关于"一家人都要过上好日子"的重要论断，更大力度地推动全区各族群众一起实现高水平小康、迈向现代化。民族工作要顺应大流动、大融居的新特点、新趋势，把少数民族流动人口服务的管理作为重中之重来抓，促进各民族交往交流交融。民族聚居地发展工作要在打好高水平小康收官战的基础上，按照"壮美广西"建设的部署要求，高起点谋划推进民族乡村振兴。三要牢牢把握习近平总书记关于"文化认同是最深层次的认同"的重要论断，更富有成效建设全省各族群众共有精神家园。全面深入持久开展民族团结进步创建工作，在内容上要把伟大实践作为鲜活素材、生动教材，教育引导各族群众大力弘扬民族精神，自觉践行社会主义核心价值观；在主体上要突出在校学生、突出青少年，把爱我中华的种子埋入每个孩子的心灵深处；在载体上要因地制宜、务求实效，以实实在在的工作筑牢各民族共有精神家园。

四、必须继续大力推广使用国家通用语言文字

国家通用语言文字是铸牢中华民族共同体意识的基本要求，是各民族交往交流交融、共同团结奋斗、共同繁荣发展的基本条件。推广使用国家通用语言文字，是宪法赋予每一个民族和公民的义务。广西各族人民拥有十分丰富的各族语言和方言资源，素有"三里不同调，十里不同音"之说。广西各族人民除了传承本民族语言、方言和风俗习惯外，无论是汉族家庭，还是其他民族家庭，还都十分注重推广使用国家通用语言文字。各族人民基本上都学会使用本民族语言或方言，也学会使用国家通用语言文字，在学习中不断增强国家意识和国家认同，树立起正确的国家观和民族观。

五、百色铸牢中华民族共同体意识现实要求

百色有汉、壮、瑶、彝、仡佬、苗、回等 7 个世居民族，在全市 400 多万人口中，少数民族人口占全市总人口的 87%。要实现建设壮美广西、共圆复兴梦的愿景，百色市各族人民群众必须心手相牵、团结奋进，共创中华民族的美好未来，共享民族复兴的伟大荣光。

作为边疆民族地区，百色有隆林各族自治县、享受自治县待遇的西林县和凌云县，有 13 个民族乡。百色的市情决定了铸牢民族共同体意识示范市的创建工作始终是关系大局的一项重要工作。站在"两个一百年"的历史交汇点上，百色市完整准确地全面把握贯彻习近平总书记关于加强和改进民族工作的重要思想，紧紧围绕"铸牢中华民族共同体意识"这条主线，以坚持和加强党的全面领导铸魂、以"瓦氏夫人抗倭"文化凝心、以高水平均衡协调发展强身、以坚持和完善民族区域自治制度壮骨、以促进各民族交往交流交融聚神，推动新时代民族

工作高质量发展。

（一）坚持和加强党的全面领导

中国共产党是我国民族工作的坚强领导核心。民族工作能不能做好，最根本的一条是党的领导是不是坚强有力。民族工作是政治性、政策性都很强的工作，只有中国共产党才能实现中华民族的大团结，只有中国特色社会主义才能凝聚各民族、发展各民族、繁荣各民族，只有始终坚持党的领导，充分发挥各级党组织的坚强领导，才能为民族工作提供强大的政治保障和坚强的组织架构，才能保证民族工作始终沿着正确的方向前进。近年来，百色市委坚持以党的建设引领民族工作，切实做实民族工作"三个纳入"，出台《关于加强和改进新形势下民族工作的实施意见》《关于加强新时代基层民族工作队伍建设的实施办法》《关于坚决防范民族宗教领域重大风险隐患实施办法》《关于铸牢中华民族共同体意识宣传教育常态化实施办法》等工作制度，民族工作不断向基层、制度化、规范化延伸。百色市继续做好民族工作，处理好纵向和横向的关系，统筹好城市和乡村的关系，明确责任，把握重点，不留盲点，做到在党的领导下整个治理组织体系高效运转，及时发现和应对治理风险，促进国家权力和基层群众治理力量的有机融合，形成边疆治理的强大合力。

（二）"瓦氏夫人抗倭"文化

文化是一个民族的魂魄，文化认同是民族团结的根脉，没有高度的文化自信、没有文化繁荣兴盛就没有中华民族伟大复兴。作为边疆民族地区，百色市时刻面临着传统安全和非传统安全隐患，特别是境外势力的渗透、民族宗教问题的压力、跨境犯罪、疫情防控等都增加了文化治理的难度。百色是瓦氏夫人故里，"瓦氏夫人抗倭"是习近平总书记在2019年全国民族团结进步表彰大会上的讲话重点提到的"5个民族团结进步"的历史佳话之一，是百色创建中华民族共同体意识示范市最为宝贵的精神财富。百色时刻牢记习近平总书记的殷切嘱托，深入学习领会、坚决贯彻落实习近平总书记重要讲话的精神，坚持高站位谋划建设"瓦氏夫人抗倭"纪念地，将包括"成长地田阳"和"出生地"靖西纪念地与民族团结示范教育、爱国统一战线教育、文化旅游示范景区。百色市统筹做好保护、开发、教育、发展工作，围绕将"瓦氏夫人纪念地"打造成见证中华民族多元一体历史文化教育基地、国家级民族团结进步示范基地、爱国主义和统一战线教育实践基地、右江流域文化旅游示范景区的目标，做了大量基础性工作。百色市进一步加强"瓦氏夫人抗倭"基础性问题的研究，把"瓦氏夫人抗倭"文化构筑成中华民族的精神高地，培育成促进各民族交往交流交融的重要载体，固化为开展中华民族共同体意识宣传教育的重要内容，把"瓦氏夫人抗倭"纳入基础教育、干部教育和社会教育中，进一步夯实铸牢中华民族共同体意识的思想基础。

（三）高水平均衡协调发展

习近平总书记强调"民族地区要立足资源禀赋、发展条件、比较优势等实际，找准把握新发展阶段、贯彻新发展理念、融入新发展格局、实现高质量发展、促进共同富裕的切入点和发力点"[①]；强调把全面深化改革作为从根本上解决民族问题的要素与动力，激发民族地区发展内生潜力和"造血"功能；强调民族地区应因地制宜，立足自身发展的规律和特点，有效利用党和国家的优惠政策结合资源优势，努力实现"跨越式发展"和"立体式发展"，以此激活经济社会全面持续发展的内生潜力，从根本上解决均衡发展的问题。这种"标本兼治"的逻辑思维为有效化解民族地区发展的不平衡不充分提供科学指引。百色市抓住左右江革命老区振兴战略实施等机遇，打破行政区划界限，实施杜

---

① 习近平. 以铸牢中华民族共同体意识为主线 推动新时代党的民族工作高质量发展 [N]. 人民日报，2021-08-29（01）.

果、柑橘等优势特色产业"百万亩工程"，打造了水果、茶叶、油茶、桑蚕、林下经济、特色养殖、现代渔业等传统特色优势产业。百色市累计建成 1715 个现代特色农业示范区（园、点），全市累计认证"三品一标"产品 262 个，有机农业县占全国认定数量的 10%，有机农产品认证面积保持全广西第一，继续推动巩固拓展脱贫攻坚成果与乡村振兴有效衔接，增强"三农"工作内生动力，激活农业高质高效、农村宜居宜业、农民富裕富足的"造血"功能，不断赋予现代化建设，以彰显中华民族共同体意识的现实意义，夯实铸牢中华民族共同体意识的物质基础。

（四）坚持和完善民族区域自治制度

百色市以遇到的民族关系问题、民族发展问题、影响各族群众物质生活和精神生活共同富裕的各种问题为着眼点和出发点，坚持民族因素和区域因素相结合，把宪法和民族区域自治法的规定落实好，积极支持隆林各族自治县修改和完善的《隆林各族自治县自治条例》，保障充分行使宪法和《中华人民共和国民族区域自治法》赋予的各项自治权利。明确各民族干部队伍的培养配备事项，截至 2022 年，百色市少数民族干部约占全市 2.3 万名公务员队伍的 80%。围绕"百色所需、深圳所能"，百色市主动对接深圳，建立长期稳定的对口协作帮扶机制，争取深圳参与百色巩固拓展脱贫攻坚成果和全面推进乡村振兴的活动。百色市积极构建多民族"互嵌式"融居环境，深圳投入资金援建的易地扶贫搬迁重点示范工程"深圳小镇"，为 4285 户 1.84 万各族群众解决住房问题，已成为多民族互嵌融居发展的示范工程。百色市把改善交通条件作为促进发展的重点，实现 100% 乡镇、建制村通水泥公路。百色市继续坚持和完善民族区域自治制度，用好民族区域自治法赋予自治地方的权利，根据发展遇到的新形势、新问题，加强立法工作，为全面发展和治理现代化，构建更加健全的法律保障体系，使自治权更加清晰、明确和可操作，不断提升治理法治化水平。

（五）促进各民族交往交流交融

百色市顺应各民族人口大流动、大融居的新特点，出台加强和改进少数民族流动人口服务的管理措施，支持各族群众到经济发达地区务工经商、求学就业，鼓励各族群众到云南、贵州等周边投资兴业、工作生活。百色市与文山州等市州构建百色—文山桂滇两省五市民族团结进步创建联盟，联合举办 50 余场次的"民族团结杯——跨省歌王比赛""千里接边地区无邪教"、党建联创共建等活动；搭建百色干部学院、百色学院、右江民族医学院与东盟国家高校合作共建人才培养基地平台，促进和深化跨境交流合作，推动跨境民族交往交流交融。百色市将民族团结与固边兴边富民行动紧密结合，"十三五"期间投入"兴边富民行动"资金，深入实施强基固边、民生安边、产业兴边、开放睦边、生态护边、团结稳边六大工程和团结、富裕、文化、法治、生态、智慧六个边疆建设，引导各族群众"互嵌式"居住，确保边疆巩固安宁。百色市全力推进一村一综治中心、一村一法律顾问、一屯一法律明白人、一户一签约律师、一楼一法治宣传员"五个一"基层社会治理格局，努力实现各族群众共居共学、共建共享、共事共乐。

第五章

百色创建铸牢中华民族共同体意识示范市举措及成效

第一节　创新工作方式方法，打造民族团结进步示范带

　　百色是革命老区，是边境地区，也是少数民族聚居地，更是脱贫攻坚主战场之一。近年来，百色市深入贯彻落实习近平总书记关于加强和改进民族工作的重要思想，牢牢把握"各民族共同团结奋斗，共同繁荣发展"的主题，紧紧围绕"铸牢中华民族共同体意识"这条民族工作主线，提出创建全国民族团结进步示范市的工作目标。在推进创建工作的过程中，百色结合实际，创新载体，形成了具有革命老区、边境地区和民族地区特色的品牌，得到了国家民委、中国社科院和自治区民宗委等各级领导、专家和学者的肯定。

一、创新打造区域民族文化特色品牌，助推新时代民族工作高质量发展

　　百色市有 12 个县（市、区），按照地域特色、文化底蕴打造特色品牌。其中，右江区依托百色起义红色文化资源，培育劳模讲堂，打造"石榴小屋""端午龙舟节"、阳圩山歌节、民族团结同心亭等特色亮

点；田阳区依托"布洛陀文化、瓦氏文化、舞狮文化、歌圩文化、红色文化"五大特色，打造壮民族文化品牌；田东县依托右江工农民主政府旧址、百谷红军村陈列室等红色文化资源，打造民族团结进步示范爱国主义教育基地；平果市依托铝产业优势和丰富的民族文化资源，打造事业与产业并举、特色与品牌双赢的发展之路；德保县依托"那"资源和壮族马骨胡艺术起源地优势，深化和巩固全国民族团结进步示范县创建成果，推动形成具有壮乡风情、时代特征的"德保品牌"；靖西市立足边陲抓创建，熔铸爱国主义民族精神，推进示范创建常态化，铸牢边疆铜墙铁壁；那坡县以"一个中心、两个长廊、三项工程、四个结合"为抓手，让中华民族共同体意识在百色边关各民族群众中深深扎根；凌云县将民族团结进步示范创建与党建、乡村振兴、文旅等有机融合，同步推进、打造凸显民族团结示范"矩阵"；乐业县深入挖掘"文秀品质"内涵，将壮族文化和红色文化紧密结合，努力打造出体现新时代英模的全国爱国主义教育基地；田林县围绕"脱贫成果共享，民族融合共治，乡村振兴共建"开展创建，以北路壮剧为载体，弘扬优秀民族文化，打造"田有盛戏，林有华章"的民族团结创建新格局；隆林各民族自治县以五个世居民族传统节庆、打造民族文化活动传习基地等为载体，着力构筑各民族共有精神家园；西林县依托地处桂滇黔三省（区）接合部区位优势，创新"一区三带"品牌创建模式，打造广西"西合"区域铸牢中华民族共同体意识先行示范区。

二、创新开展"一进一主题一品牌"创建模式，实现创建工作全领域全覆盖

坚持以基层为重点，全面深入持久推进民族团结进步"十进"工作，扎实推进进机关（单位）突出做表率，进企业（园区）突出聚合力，进乡镇（街道）突出强服务，进社区（村）突出连民心，进学校突出育德才，进宗教活动场所突出促和谐，进连队（军警营）突出鱼水情，进易地扶贫搬迁安置点突出惠民生，进景区突出铸融合，进家庭突出树美德的"一进一主题一品牌"的创建模式，示范创建工作拓展延伸到全市每个角落。截至 2021 年，全市共有 901 个机关单位（含市直、县直和派出机关）、27 家企业（国有企业）、135 个乡镇（街道）、670 个行政村（社区）、682 所学校（公办中小学）、42 个宗教活动场所、11 个军警营队、17 个景区、36 个易地扶贫搬迁安置点参与民族团结进步创建工作，基本实现各部门、各行业、各领域全覆盖的目标。

第二节　夯实理论研究基础，打造民族团结进步理论研究高地

　　开展铸牢中华民族共同体意识理论研究，是创建铸牢中华民族共同体意识示范市的重要基础。近年来，百色市大力加强和改进民族工作，积极打造一批铸牢中华民族共同体意识研究基地，充分挖掘本地丰富多彩的历史文化资源，深入开展课题研究，取得了丰硕成果，打造了一批具有百色特点元素、各民族共有共享的中华文化符号和形象。百色市全面加强中华民族历史和百色起义史研究，启动专著《百色起义与民族交融研究》的撰写工作，加强中华文化符号和形象的宣传阐释，对那坡和靖西边境民族文化、边境各族人民驻守边关的宣传阐释取得了新突破。百色市组织开展铸牢中华民族共同体意识大宣讲，广泛传播党的民族理论和民族政策，教育引导各民族群众同心建设共有精神家园。百色市打造了铸牢中华民族共同体意识教育实践基地，在右江民族医学院、百色学院成立铸牢中华民族共同体意识研究中心，夯实民族团结进步理论研究基础。

一、厚植铸牢中华民族共同体意识教育的学科专业根基

百色学院和右江民族医学院充分发挥民族类学科底蕴深厚、特色鲜明的特殊优势，大力推动"民族+学科群"的建设，构建形成民族学、马克思主义民族理论与政策、民族历史、民族文学等特色优势学科体系，厚植铸牢中华民族共同体意识教育的特色学科根基。百色学院和右江民族医学院主动适应"一带一路"倡议、民族地区经济社会发展、边疆完全等重大战略需求，加大招生和人才培养模式改革力度，在语言文学类、普通人文社科类、应用类、艺术类等专业上，探索形成了"拔尖创新人才实验班"等高素质复合型人才培养模式，着力培育铸牢中华民族共同体意识教育的特色专业体系，着眼于促进各民族学生团结共融的人才培养目标，加强教学组织和日常管理模式创新，大力推进边疆中国少数民族语言等学科改革，积极探索构建有利于各民族学生日常交往、交流、交融的相互嵌入式教学组织、活动载体和生活空间，打造各民族学生共学、共居、共乐、共美的坚实平台。

二、增强铸牢中华民族共同体意识教育的系统性

百色市深入贯彻落实习近平总书记关于民族工作的重要论述，把铸牢中华民族共同体意识教育纳入人才培养重要环节中并做好顶层设计，作为教育教学改革重要课题进行专项部署，专门研究制订工作方案。百色市各学校把铸牢中华民族共同体意识教育作为学校思想政治理论教学的必修课程进行专门安排，强化马克思主义祖国观、历史观、民族观、文化观、宗教观，深化党史、新中国史、改革开放史、社会主义发展史教育，深化党的民族理论和政策、统一多民族国家基本国情教育，培育一批特色精品课程，切实增强铸牢中华民族共同体意识教育的专业性。

百色学院马克思主义学院把铸牢中华民族共同体意识教育作为学校通识教育特色课程进行重点建设，组织校内优秀专家团队整合全校优质教学资源，开发建设"铸牢中华民族共同体意识"系列思政微课程，并通过各种新媒体平台全网上线，切实扩大铸牢中华民族共同体意识教育覆盖面。

三、增强铸牢中华民族共同体意识教育的时代性

铸牢中华民族共同体意识具有历史必然性、极端重要性、现实针对性和特殊紧迫性，事关国家统一和民族团结，事关中华民族伟大复兴和各族人民的根本利益，各民族要想铸牢中华民族共同体意识，必须准确把握各民族的时代性。铸牢中华民族共同体意识教育，既要面向少数民族，又要面向汉族；既要在民族地区和民族院校开展，又要在其他地区和学校实施；既要融入学校教育，又要走进家庭教育和社会教育；既要加强显性教育，又要注重隐性教育。我国只有大力开展全员教育，有效融入教育全过程，才能引导各族人民铸牢中华民族共同体意识，才能培养出铸牢中华民族共同体意识、行动特别坚定的社会主义建设者和接班人。百色市各级各类学校精心组织各民族学生参与百色市举办的重大庆祝或纪念活动，广泛组织开展形式多样的"小我"融入"大我"的主题教育，充分利用与边疆民族地区联系广泛、结合紧密的优势，着力构建和完善政策指导、创业教育、就业帮扶、实习实践等全过程、全覆盖、个性化的就业指导和社会实践服务体系。我国每年投入专项经费，广泛组织开展大学生寒暑假期边疆行、乡村行、革命老区行系列活动，鼓励支持各民族学生在参加岗位见习实习和社会考察体验的过程中，增进对国情、社情的了解，提升就业创业能力，树立服务民族团结进步事业的成长、成才志向，切实增强铸牢中华民族共同体意识教育的实践性。

四、增强铸牢中华民族共同体意识教育的感染力

我国着力实施教育教学创新计划，充分发挥教育学、政治学、历史学、语言学、宗教学等学科优势，打造"理论教育+实践教育+爱国主义教育+反分裂斗争教育+时政教育"的课程体系，把铸牢中华民族共同体意识教育全面融入课程体系建设中。在思政课建设方面，学校选优配强思政课教师，打造思政"金课名师"，设立名师工作室，有针对性地讲好党的民族工作史、中华民族多元一体发展史，固本培元、凝心铸魂，着重发挥课内课外、网上网下不同场域的育人功能，着力构建以立德树人为根本、以铸牢民族共同体意识为核心的校园文化环境。学校要注重校园文化塑造，创新校园文化活动形式，打造"中华经典诵读工程"、"中华英雄文化大讲堂"、"行走的红课"、戏曲进校园等品牌活动，呈现各民族交往交流交融的情景，引导学生树牢"三个离不开""五个认同"思想，唱响民族团结主旋律。学校要积极引导学生利用寒暑假深入社会、深入基层、深入乡村，在深化对国情民情世情的了解中铸牢中华民族共同体意识，实施以爱国主义教育、理想信念教育、"中国梦"等为主题的实践项目，开展政策宣讲、义务支教、法治宣传等活动。开展国家通用语言文字培训、教育帮扶，开设乡村小学"暑期小课堂"，助力乡村振兴。学校要按照教师"四有""四个引路人""四个相统一"的具体要求和民族工作好干部"三个特别"标准，配齐配强学生工作干部队伍，支持实施"大学生思想政治教育专项课题研究计划""辅导员工作室培育计划""辅导员业务学习研修计划"，着力培养一批情感投入精心、业务本领精通、作风状态精干的学生工作干部队伍，充分发挥各民族干部、教师、辅导员、学生骨干的独特优势与特殊作用，通过言传身教，让他们真正成为各民族学生健康成长成才的指导者和引路人，不断增强铸牢中华民族共同体意识教育的感染力。

第三节　深化学校民族团结进步教育，
打造校园民族团结阵地

铸牢中华民族共同体意识，必须抓好校园阵地，开展广泛宣传。百色市要在学校深入地进行铸牢中华民族共同体意识教育，利用丰富多彩的形式，结合本地区民族特色，切实提高师生整体对民族团结重要性的认识和体会，才能帮助学生巩固和提高正确的国家观、民族观，才能使民族团结意识深入人心，贯穿于整个中华民族发展的始终，百色市多举措加强学习民族团结进步教育，打造了独具特色的民族团结阵地。

一、用好机制，保障民族团结教育执行力

学校围绕师生铸牢中华民族共同体意识这一主线，以广西壮族自治区民族团结进步示范单位和广西铸牢中华民族共同体意识研究基地为主体，将民族团结进步教育工作纳入党建工作责任制和意识形态工作责任制中，纳入领导班子和领导干部工作考核考察标准中，纳入对教师、班级和学生的评价体系中，定期开展督导，推动民族团结进步教育工作落地见效。学校加强管理队伍建设，采取现场或线上教学、送教下基层等多种形式开展民族团结进步教育的专题培训，确保管理人员准确理解并切实落实有关政策及规定；加强专家队伍建设，建立民族团结进步教育研究专家团队，广泛吸纳专家，实行动态管理，开展民族团结进步教育相关课题研究，为民族团结进步教育改革发展提供决策咨询；加强教师队伍建设，建立民族团结进步教育育人团队，将民族团结进步教育内容纳入各类"教师培训"的专项计划中，通过组织开展集体备课、说课比赛、示范课教学等活动，逐步提升教师民族团结进步教育理论素养和

教学能力。学校鼓励师生围绕民族团结进步教育课堂教学、学校管理、师资培训等方面积极开展科学研究，为深化新时代民族团结进步教育提供理论支持。学校加强与地方宣传、统战、公安、民族宗教、财政、文化和旅游、共青团、教育体育等部门多方联动，合力推进学校民族团结进步教育。学校形成了主要领导挂帅、班子成员分工、统战部门牵头协调、全校部门通力合作、全体师生共同参与，校内外联动的民族团结教育的生动局面。

二、深化民族团结进步教育，提高师生思想认识

（一）加强教师民族团结进步思想的引领，提高教师对民族团结的认识

各级学校通过校例会、座谈会、讨论会等方式，多次组织教师学习党的民族政策和民族理论，认真学习上级部门关于民族团结、维护社会稳定的重要指示精神。百色市德保县职业技术学校在每周五下午教研学习会上，组织全体老师学习民族政策和民族英雄事迹，弘扬英雄精神，把不凡英雄精神体现在平凡工作岗位上；在教师座谈会上，就民族团结与教育教学相结合方面提出合理化的建议，并表示要以身作则，为营造团结和谐的校园氛围贡献自己的力量；积极组织科任老师学习民族团结进步教育所包含的内容，丰富教师的业务知识，提升教学能力，并将所学民族知识在课堂教学中有机渗透，自然地将民族团结理念传播给学生。同时，各级各类学校还精心组织各班主任认真学习有关活动的文件，领会活动精神，在深入学习、理解的基础上，指导各民族学生开展丰富多彩、形式多样的主题活动。

（二）加强学生民族知识的教育，增强学生的民族文化认同

延伸拓展、多方取材，充分利用课外资源加强爱国主义教育，利用具有当地特色文化的历史资源、爱国英雄革命志士旧居、抗日战争遗

迹、革命旧址等开展爱国主义思想教育。比如,在语文教学中,教师可以利用这些资源组织丰富的课外实践,向学生广泛教授爱国英雄的奋斗历程,英雄为党为国奉献、牺牲的伟大爱国精神,激发学生拥有强烈的历史责任感和社会使命感。教师更要因地制宜,利用历史博物馆、纪念馆和国家爱国主义教育实践基地进行教学,让学生在潜移默化中更加了解历史、珍惜生活。学校通过升旗仪式培养广大学生的爱国情操,培养学生崇敬国旗、热爱国旗的情感,通过在国旗下的主题讲话深化仪式的内容,加深学生对国旗的认识、了解,让学生了解国旗的重要性,培养小学生的强大民族自豪感和民族自尊心,增强爱国意识。学校组织学生观看爱国题材的电视剧、电影、纪录片,让学生观看影视片对艰难险阻的历史场景进行更直观的体验,增加民族自尊心和民族自豪感,充分利用国家重大节庆日开展教育,把节庆日文化的内涵运用起来,让每个学生在节庆日期间都能得到爱国主义教育,教师要在不同节庆日制定与其相应的活动任务,使每个学生在节庆日期间都能受到爱国主义教育,特别是在春节、元宵节、清明节、"壮族三月三"、端午节、中秋节、重阳节等中国传统节日期间,学校要广泛开展"我们的节日"主题活动。

三、深化民族团结进步创建,积极打造教育实践阵地

百色市打造民族团结进步示范学校,贯彻落实《广西壮族自治区民族教育促进条例》,推动民族教育加快发展,加强民族学校建设,指导各县(市、区)积极申报民族团结进步示范学校,指导部分中小学校创建全区、全国民族团结进步示范学校,打造富有民族特色的校园文化品牌。打造一批民族团结教育实践基地,为了让广大学子能够切身体会、领悟党的民族理论政策、中华民族优秀传统文化、各民族团结奋斗历史,百色市委统战部(市民宗委)结合党史学习教育,深入挖掘百色市红色历史和民族文化资源,着力在各县(市、区)打造一批铸牢

中华民族共同体意识的教育实践阵地。百色市通过一批教育实践阵地，讲好中华民族共同抗战史、解放史、发展史、文化史，帮助青少年树立共同民族观、国家观、文化观、历史观。作为全国爱国主义教育示范基地、全国民族团结进步教育基地，百色起义纪念馆既是百色红色文化宣传的前沿阵地，又是民族团结进步教育的重要平台。近年来，百色起义纪念馆不断完善讲解词，在讲解中融入百色起义时期民族工作的研究成果，突出百色起义所蕴含的民族团结精神，并将民族团结进步教育寓于各种社会教育活动之中。2021 年，百色起义纪念馆共接待观众 193.6 万人次，红领巾讲解员共开展讲解 2446 批次，累计服务时长 1153 小时。百色起义纪念馆将爱国主义教育与民族团结进步教育紧密结合，是百色市用好红色资源、深化民族团结进步教育的一个缩影。近年来，百色市依托丰富的红色资源，拓展民族团结进步教育的广度和深度，着力建设中华民族共有精神家园。在拓展宣传教育阵地方面，百色市利用百色起义纪念馆、红七军军部旧址（粤东会馆）、百色起义纪念碑园、右江工农民主政府旧址、百谷红军村陈列室等革命传统教育基地和爱国主义教育基地资源，开展民族团结进步教育。百色市 12 个县（市、区）全部被列入革命文物保护利用片区，目前，全市共有收藏和管理革命文物的文博单位 14 个，不可移动的革命文物 153 处。近年，随着红色资源的保护利用力度的进一步加大，百色红色旅游热度上升，铸牢中华民族共同体意识也乘着红色旅游的"东风"，吹进各民族群众的心里。同时，百色利用新时代文明实践中心（所、站）、乡村大舞台、农家书屋等阵地，打造"红湾"主题阅读体验区，在新华书店、村图书室设置红色读书角，配套征订红色书籍、红色影像资料等，引导各民族群众牢固树立"三个离不开"意识。在建立健全宣教机制方面，百色制定《关于铸牢中华民族共同体意识宣传教育常态化实施办法》等民族工作相关文件，以百色干部学院红色教育平台和百色市委党校（行政学院）

为核心,整合市县党校(行政学院)和全市干教资源,组建红色教育联盟,建立区、市、县三级培训机构联动工作机制,强化党员干部"四个与共"的意识。在创新宣传教育方式方面,百色深入实施"各民族青少年交流计划",组织各民族青少年到百色起义纪念馆等红色教育基地,开展看一次红色基地、听一堂红色教育课、唱一首红色歌曲"三个一"活动,增进各民族青少年"五个认同"。田东县右江革命纪念馆在全区首创红色文化走进幼儿园活动,在田东第一幼儿园开设红七军体验式戏台,实现红色文化教育、民族团结进步教育从娃娃抓起。百色通过各县(市、区)教育实践阵地的建设,逐步形成了"三带四线五基地"贯通的铸牢中华民族共同体意识教育示范长廊。

四、深入挖掘民族历史文化资源,不断增强学生文化自信

(一)挖掘本土历史资源

比如,瓦氏夫人、岑毓英、黄文秀等百色本土历史名人及其场所等文化资源,百色市发挥好其基地教育引领作用,讲好民族团结进步故事。

(二)保护传承民族语言

百色市那坡县民族中学,因地制宜,从 2008 年 9 月起,在七年级开设 2 个民族班进行民族文化教育。同时,学校组织本地教师进行壮语教学,鼓励学生熟练运用壮汉双语进行交流,让学生明白本地方言是祖国灿烂文化的组成部分,增强学生对民族文化的认同感,提升民族自信。除此之外,部分民族团结进步示范学校还认真贯彻落实全国语言文字工作会议精神及《广西壮族自治区少数民族语言文字工作条例》,开设少数民族语言课程,配备民族语言专业老师。学生只有学好了民族的语言和文字,才能更好地去学习和深入了解民族文化,更好地带动民族经济繁荣发展。

（三）体会民族艺术魅力

广西少数民族有着悠久的历史，有着自己灿烂的文化艺术，并形成了自己独特的文化特点，如壮族的铜鼓、花山崖壁画、各民族的民歌，此外，包括织锦、刺绣、陶瓷、竹编和芒编在内的各色工艺品，具有民族特点的壮族干栏式建筑，侗族风雨桥、鼓楼等民族建筑，瑶、苗等民族的医药，以及丰富多彩的民族民间文学、音乐、舞蹈等，都是广西各少数民族文化艺术的瑰宝。"壮族三月三"目前已经成为广西的一个优秀文化品牌，百色市每年都会抓住节日契机，通过展板、横幅、宣传栏、LED、政府网站、学校网站、微信公众号等平台载体，开设民族团结进步宣传栏目，大力宣传民族团结的优良传统，共同营造浓厚的宣传氛围；号召各级各类学校根据自己的实际情况开展"三月三"活动，比如，文艺汇演、游园活动、参观学习等；组织部分中小学生代表参与"三月三"民族节庆演出，感受民族节日的欢乐祥和，激发学生对民族艺术的喜爱、认同。

（四）传承民族体育文化

广西少数民族传统体育项目丰富多彩、形式多样，既有民族特色，又有娱乐、健身的特点和艺术欣赏的价值。民族体育文化在校园的推广，既起到了师生强身健体的作用，又丰富了他们对于民族文化的认知，有利于形成团结和谐的校园氛围。比如，德保县民族初级中学，学校处于百色市南部少数民族聚居区，有深厚的壮族文化底蕴，勤劳勇敢的壮族先辈在生产活动中创造出了丰富多彩的民族体育活动。为了使这些具有地方特色的传统体育项目得到挖掘和弘扬，德保县民族初级中学在常规体育课堂中，增设了竹竿舞、抛绣球、板鞋竞速、民族武术、民族健身操等活动。

第四节　加快推进法治社会建设，
筑牢民族团结进步的法治基石

习近平总书记在全国民族团结进步表彰大会上指出，要依法治理民族事务，确保各族公民在法律面前人人平等。习近平总书记的重要讲话，为我们治理民族事务、开创民族团结进步事业新局面指明了方向、提供了根本遵循。

一、依法治理民族事务是全面依法治国的本质要求

依法治理民族事务是全面依法治国的重要内容。全面依法治国是坚持和发展中国特色社会主义的本质要求和重要保障，事关我们党执政兴国，事关人民幸福安康，事关党和国家事业的发展。民族事务是中国特色社会主义事业的重要组成部分，民族团结进步事业兴旺发达，中国特色社会主义事业才能兴旺发达。依法治理民族事务，是全面依法治国、推进中国特色社会主义事业发展的内在要求，也是全面依法治国的本质要求。我们只有依法治理民族事务，才能解放和增强民族地区社会活力、促进公平正义、维护社会稳定、确保长治久安；只有依法治理民族事务，织密法律之网、强化法治之力，才能为民族地区事业发展提供根本性、全局性、长期性的制度保障，确保民族地区在深刻变革中既生机勃勃又井然有序。

依法治理民族事务是促进民族团结的重要保障。民族团结是社会稳定的重要政治基础，加强民族团结是各族人民根本利益之所在。千百年来，广西各族人民共同生活在这片热土上，亲如兄弟、情同手足，休戚与共、和睦相处，一起为建设我们美好的家园洒下了辛勤的汗水。历史

证明，民族团结、国家统一，则政通人和、百业兴旺；反之，民族团结遭到破坏，就会导致社会动荡、发展停滞、各族人民遭殃。正是因为我们不断增强和切实维护民族团结，我国经济社会各项事业才获得了大发展、大繁荣，取得了短短几十年、跨越上千年的辉煌成就。民族团结是各族人民的生命线，是我国各族人民利益之所在。民族团结的大好局面与依法治理民族事务密不可分。法治为促进民族团结提供准绳，为维护民族团结提供行为规范，为打击分裂行径提供武器，在法治轨道上处理民族事务，民族团结就有了最可靠的保障。

依法治理民族事务，要全面贯彻落实民族区域自治法，健全民族工作法律法规体系，依法保障各民族合法权益，做到有法可依、有法必依、执法必严、违法必究。我国要确保各民族公民在法律面前人人平等，要坚持一视同仁、一断于法，依法妥善处理涉民族因素的案事件，保证各民族公民平等享受权利、平等履行义务。各民族要增强法治思维能力，增强法治观念，尊崇和遵守宪法法律，做到在法治之下，而不是在法治之外，更不是在法治之上想问题、做决策、办事情，自觉在法治轨道上运用法治思维和法治方法深化改革，推动发展、化解矛盾，维护祖国统一和民族团结。我国要确保各民族公民在法律面前人人平等，就能不断凝聚促团结、反分裂的社会共识，就能让民族团结之花开遍祖国大地，实现祖国长足发展和长治久安。

二、依法治理民族事务要以宪法和民族区域自治法为根本遵循

依法治国首先是依宪治国，依法治理民族事务的根本遵循也是依宪治理民族事务。在现代国家，成文宪法，作为一国治国安邦的总章程，作为国家的根本大法，都说明了这样的成文宪法，除了规定公民的基本权利、国家机构的设置外，还必须对一国的基本国情、宪制秩序形成中必须面对的重大命题进行宪法回应。因此，作为一个统一的多民族国家的最权威法律文本，可能尚无诸如"铸牢中华民族共同体意识"的直接表述，但不可能不去关注如何将一个分布广泛、民族众多的人群整合成为一个强有力的政治经济文化共同体这一最根本性的宪制命题。同时，作为国家的根本大法——宪法，也意味着其可以将本国人民的政治共识，以制宪权的方式，载明于宪法文本之中，并经由宪法文本的权威记载，如对政治共同体统一性的彰显、基本政治制度的强调、公民基本义务的明确等，来塑造一代代公民对这个特定的政治共同体的宪法认知和宪法忠诚义务。在 2018 年宪法修正案中，"中华民族"入宪，更是为铸牢中华民族共同体意识在国家根本大法层面上提供了权威依据与保障。因此，在全面依法治国、依宪治国的大背景下，我们以铸牢中华民族共同体意识为主线，充分挖掘、彰显现行宪法中所蕴含的丰富的铸牢中华民族共同体意识的内容，发挥宪法作为根本大法在铸牢中华民族共同体意识法治保障中独特、权威的作用。我们必须要从中华民族伟大复兴这一政治大局的高度，以铸牢中华民族共同体意识为主线，来把握新时代党的民族工作的政治意义。宪法为我们进行铸牢中华民族共同体意识教育提供了坚实的宪法依据。

我国坚持和完善民族区域自治制度，维护社会主义法治体系的统一和尊严。新中国成立以来，我国形成了以民族区域自治制度为核心的民族事务治理法律体系。因此，如何坚持和完善民族区域自治制度、正确行使民族区域自治权，便成为我们思考铸牢中华民族共同体意识法治保障必须面对的焦点议题。我国坚持和完善民族区域自治制度，必须以铸牢中华民族共同体意识为主线，始终坚持党的领导，始终把社会主义作为民族区域自治制度的根本制度属性。民族区域自治制度实施几十年来，在维护国家统一、领土完整、民族团结、促进民族地区经济社会发展、增强中华民族凝聚力等方面发挥的重要作用，都足以说明民族区域自治制度，只有在坚持党的领导、坚持社会主义的制度属性、坚持以铸牢中华民族共同体意识为制度依归的前提下，才能真正得以发展和完善。

民族区域自治，其制度初衷在于维护国家统一和民族团结；民族区域自治权的行使，也同样需要遵守宪法和法律的规定，维护社会主义法治体系的统一和尊严。依法治理民族事务，我国要进一步健全完善民族工作法律法规体系，依法保障各民族合法权益，我国要做到有法可依、有法必依、执法必严、违法必究，确保各民族公民在法律面前人人平等。

三、依法治理民族事务是保障各民族合法权益的根本途径

民族团结是社会稳定的重要政治基础，加强民族团结是各族人民根本利益之所在。法治是国家治理现代化的内在要求，把民族事务治理纳入法治化轨道，是维护国家统一的重要途径，是维护各民族合法权益、促进社会和谐稳定的重要保障，也是世界上大多数国家的通行做法。民族事务与国家治理的其他事务相互交织、彼此渗透。因此，治理民族事务、调处民族关系需要从多个维度进行，需要将其纳入规范化、法治化和专业化的轨道。依法治理民族事务不仅是法治中国建设的必然要求，还是维护好各民族权利的历史选择。千百年来，各族人民共同生活在中国这片热土上，亲如兄弟、情同手足，休戚与共、和睦相处，一起为建设我们的美好家园洒下了辛勤汗水。历史证明，民族团结、国家统一，则政通人和、百业兴旺；反之，民族团结遭到破坏，就会导致社会动荡不安、经济发展停滞。

新中国成立以来，随着民族工作法律法规体系的不断健全和完善，各民族合法权益有了坚实可靠的法律保障。一是各民族平等参与管理国家和社会事务的权利得到切实保障。全国人民代表大会和地方各级人民代表大会中各民族都有适当比例的代表；通过中国人民政治协商会议的

方式，保证了各民族政协委员履行政治协商、民主监督和参政议政的权利；积极培养和选拔少数民族干部，依法参与对民族自治地方的管理。二是坚持统一和自治相结合、民族因素和区域因素相结合，确保党中央政令畅通，确保国家法律法规的实施，支持各民族发展经济、改善民生，实现共同发展、共同富裕。三是提高民族地区教育质量和水平，加大国家通用语言文字的推广力度，保障各民族受教育的权利。四是尊重和保障少数民族学习、使用和发展本民族语言文字的自由，依法保障各民族语言文字在各领域的合法使用和科学保护。五是依法保护和传承各民族优秀传统文化，推动各民族文化传承保护和创新交融，突出各民族共有共享的中华文化符号和形象，构建中华民族共有精神家园。新中国成立以来，我们不断增强和切实维护民族团结，我国经济社会各项事业获得了大发展、大繁荣，取得了辉煌成就。法治为促进民族团结提供准绳，为维护民族团结提供行为规范，为打击分裂行径提供武器，在法治轨道上治理民族事务，民族团结就有了最可靠的保障。

四、百色市"五个结合"不断夯实民族团结进步法治基石

百色市通过"五个结合"，将司法行政工作和创建工作深度融合、同步推进，民族宗教法律法规得到全面落实，全市各族群众的法律意识普遍增强，有力地推动了民族团结进步创建的工作。

（一）将民族团结进步创建与党建工作有机结合

百色市坚持以党建引领民族团结进步示范创建，积极将民族团结创建与"三会一课""主题党日"等党内组织生活有机融合，通过干部职工理论学习会议、学习强国等多种途径积极组织党员干部学习民族理论政策法规和民族知识，充分调动广大党员干部参与创建活动的积极性、主动性、创造性，使机关党组织成为民族团结进步的主心骨，使广大党员干部成为民族团结进步的先锋，使广大党员在创建工作中争当表率、

树立标杆、起好示范作用。

（二）将民族团结进步创建与普法工作有机结合

百色市将党的民族宗教政策以及相关法律法规的宣传教育列入全市普法依法治理工作计划中，以"法律十进"活动为载体，创新法律援助服务思路，采用"法律援助+网络直播+在线咨询"的模式，开展了"法援惠民云服务，创新便民新维度，我为群众办实事"的活动。百色市组织普法宣讲团，在全市范围内常态化地开展民族宗教政策法规宣传活动，特别是在部分教堂设立专门普法学习室，组织法治宣传活动，张贴标语、横幅，制作宣传展板，发放宣传资料等。新闻媒体与各执法部门以案释法"法治在线"栏目，在重大纪念日、传统节日等节点开展群众性法治文化活动，不断倡导践行社会主义核心价值观，各民族群众法治意识明显增强。

（三）将民族团结进步创建与民主法治示范创建有机结合

我国强化各法治建设责任部门协同联动，全面实行行政执法人员持证上岗和资格管理制度，通过业务培训、案卷评查、案例分析等多种形式，坚决反对和制止民族歧视和变相歧视行为，畅通行政复议渠道，坚持一视同仁、一断于法，监督执法人员依法妥善处理民族因素的案事件，确保民族事务治理在法治轨道上运行，为百色市创建全国民族团结进步示范市营造了良好的法治环境。

（四）将民族团结进步创建与矛盾纠纷调处有机结合

百色市健全工作机制，加强对全市各级人民调解组织的指导，加大人民调解员培训力度，努力提高各民族人民调解员的调解能力。百色市对各民族之间的矛盾纠纷问题，做到早发现、早介入、早处理，快速掌握情况、稳住局面，实事求是、客观公正地进行调解。百色市形成了事前摸排、事中联调、事后研判的矛盾纠纷化解模式，全力排查化解各种矛盾纠纷，特别是涉及少数民族群众的各类矛盾纠纷，做到了"小事不出村、大事不出镇、矛盾不上交"，有效地维护了民族团结和社会稳定。

（五）将民族团结进步创建与优化法律服务有机结合

我国要维护各民族群众合法权益，将公共法律服务作为维护群众合法权益、保持民族地区和谐稳定的民心工程、暖心工程，加大宣传力度，积极创新服务模式和形式，拓展服务领域，畅通少数民族群众诉求渠道。我国要建立"领导干部直接面对群众、直接听取批评意见""领导干部公共法律服务接待日""群众批评意见分析报告"等机制制度。相关部门在公共法律服务中心服务窗口与群众面对面交流，收集群众对公共法律服务工作流程、效率、服务质量等方面的意见、建议，促进质效提升。同时，我国为少数民族行政村配齐了法律顾问，不定期地深入村社解答各种法律咨询，及时化解各种矛盾纠纷。

第六章

百色创建铸牢中华民族共同体意识示范市的经验启示

第一节 加强国家认同建设

2021 年 3 月 5 日，习近平总书记在参加十三届全国人大四次会议内蒙古代表团审议时强调，要围绕共同团结奋斗、共同发展繁荣，牢记汉族离不开少数民族、少数民族离不开汉族、各少数民族之间也相互离不开，在促进民族团结方面把工作做细做实，增强各民族群众对伟大祖国、中华民族、中华文化、中国共产党、中国特色社会主义的认同。在新时代发展背景下，切实增强各民族群众对伟大祖国、中华民族、中华文化、中国共产党、中国特色社会主义的认同，既是维护国家统一、民族团结、社会稳定的思想基础，又是铸牢中华民族共同体意识、构筑中华民族共有精神家园的基石和底线。

一、准确把握我国是统一的多民族国家这个基本国情

新中国成立以来，我们党始终坚持准确把握我国统一的多民族国家的基本国情，把维护团结统一作为治国理政的重要原则，推动民族团结进步事业胜利前进。在 2019 年全国民族团结进步表彰大会上，习近平总书记在总结新中国 70 年民族工作宝贵经验时，明确强调"坚持准确把握我国统一的多民族国家的基本国情，把维护国家统一和民族团结作为各民族最高利益"①。这一重要论断，深刻揭示了党的民族理论政策体系的现实立足点和出发点，精辟地指出了中华民族生存发展的根本前提，为我们在各项工作中准确把握基本国情、守护好各族人民的共同家园提供了遵循。

自古以来，我国就是一个统一的多民族国家，中华民族始终追求团结统一，并把这看作"天地之常经，古今之通谊也"。鸦片战争以来，面对帝国主义的侵略和亡国灭种的危机，各路仁人志士上下求索，从"驱除鞑虏，恢复中华"口号，到"五族共和"方案，再到"中华民族宗族论"，都没能准确把握我国国情和民族问题实际，因而也没能把各族人民真正团结起来。只有中国共产党，在二万五千里长征期间深入民族地区、接触少数民族群众，才准确把握了我国统一多民族国家的基本国情，提出各民族在平等的基础上团结起来反帝反封建、共求解放幸福的革命纲领，最终建立新中国、实现国家的高度统一和各民族的空前团结。

改革开放后，我们党始终坚持准确把握我国统一的多民族国家这一基本国情，并结合时代特征和形势变化，对维护团结统一提出了新的要求、作出了新的部署。党的十八大以来，世界处于百年未有之大变局中，影响民族关系的因素更加复杂，维护国家统一和民族团结的任务更加艰巨。在党中央的坚强领导下，我国民族关系长期保持和谐，民族地区长期保持稳定。如今，中华民族一家亲的氛围不断增强，同心共筑中国梦的力量不断凝聚，各民族像石榴籽一样紧紧拥抱在一起，中华民族正在走向包容性更强、凝聚力更大的命运共同体。

---

① 习近平. 在全国民族团结进步表彰大会上的讲话［N］. 新华网, 2019-09-27.

国家统一和民族团结是实现"两个一百年"奋斗目标、实现中华民族伟大复兴的基本前提。各级党委和政府在做决策、定规划、干工作时，都必须牢记我国是统一的多民族国家这一基本国情。我们既要尊重国情、尊重历史、尊重规律，不断增进中华民族的向心力、凝聚力和一体性、共同性，把维护国家统一和民族团结作为各民族最高利益，同时也要充分发挥多民族这一特色、优势和有利因素，把各族人民的智慧和力量最大限度地凝聚起来，同心同德为实现中华民族伟大复兴的中国梦而奋斗。

二、深刻认识各民族共同缔造了中华民族

中华民族是生活在 960 万平方千米（仅表示陆地面积）中华大地上的所有民族以及海外华侨华人的统称，包括汉族在内有 56 个民族，它是一个由多民族血缘融通、流动交汇构成的命运共同体。在挽救民族危亡、寻求独立解放的过程中，各民族仁人志士积极传播马克思主义，参与创建中国共产党，舍生忘死投身革命斗争，推动革命的"星星之火"终成"燎原之势"。为了民族独立和人民解放，各民族革命英烈都立下了不朽功勋，各民族群众都做出了巨大贡献。在革命危难时刻，各民族群众坚决和中国共产党站在一起，义无反顾地支援中国共产党领导的革命斗争。在维护祖国统一的伟大斗争中，各民族心向祖国、团结抗争，谱写了可歌可泣的壮丽史诗。爱国主义是中华民族精神的核心，面对亡国灭种的空前危机，各民族儿女与侵略者展开了英勇无畏的斗争。我们党在成立初期，就提出了各民族在平等的基础上共同组成统一国家的主张，得到各民族群众的支持和拥护。新时代，我们要始终坚持和加强党对民族工作的集中统一领导，使各民族群众紧密团结在中国共产党周围，画出最大同心圆，不断夯实我们党执政兴国的政治根基。统一多民族国家是我国的基本国情，铸牢中华民族共同体意识、维护国家统一

和民族团结是各民族的最高利益和共同心愿。民族团结是福，分裂动乱是祸。新时代，我们要全面贯彻党的民族政策，深化民族团结进步教育，铸牢中华民族共同体意识，把维护国家统一和民族团结作为各族人民的最高利益，不断巩固团结稳定的良好局面，为党和国家各项事业发展提供重要保障。

各民族共同缔造了中华民族，中华民族大家庭是利益的共同体、命运的共同体、理想的共同体，各民族都是中华民族大家庭中不可或缺的一员。对中华民族的认同就是认同自己的民族归属，认同自己和自己所属的族群都属于中华民族这个更大的共同体。中国梦是人民的梦，是56个民族共同的梦，我国需要凝聚全体中华儿女的智慧和力量，坚持中华民族一家亲、同心共筑中国梦。实现中华民族伟大复兴，是近代以来各民族共同的梦。实现中华民族伟大复兴的中国梦，要靠一代又一代各民族优秀儿女接力奋斗。新时代，我们要不断弘扬中国精神、凝聚中国力量，着力培养少数民族和民族地区干部和人才，续写各民族团结进步的中国故事，汇聚起各族人民一起实现中华民族伟大复兴中国梦的磅礴伟力。各民族都要增强中华民族共同体意识，强化自身是中华民族一员的意识，始终把中华民族的共同利益摆在首位，深刻理解中华民族是一个命运共同体——一荣俱荣、一损俱损。各民族只有把自己的命运同中华民族的命运紧密联系在一起，像石榴籽那样紧紧抱在一起，才有前途、才有希望，各民族共同团结奋斗、共同繁荣发展的思想基础才能打得更牢。

三、准确理解中华文化是共性和个性的统一

中华文化起源的多线性、多样性显而易见，然而，中华文化的同一性、共同性和统一性更不应忽视。事实上，同一性或统一性不是孤立的存在，而是存在于多样性之中。

　　中华民族文化不是 56 个民族文化加在一起的总称，它是各民族、各地区文化在数千年的历史发展中逐步交融、整合而形成的有机文化整体。作为中华民族文化主要源流的华夏文化是各民族、各地区人民共同参与创造的。创造华夏文化的中原人融入了大量的北方民族和南方民族血源，并大量吸收了这些民族的文化，因此，华夏文化不专属于汉族，而是共属于中国各民族。各民族、各地区在长期的文化互动、交流中形成同质化和一体化现象，并逐步整合成一个具有共同价值取向的中华民族传统文化模式。作为主流文化的华夏文化，在中华民族传统文化模式的形成中具有重要作用。中华民族文化传统是一种超越于地方和族群之上的历史文化大传统，它是所有中国人认同的文化基础，也是世界上所有华人认同的文化基础。地区性、族群性的文化具有中华民族主流文化的基本特征，历史上的少数民族统治者以中华主流文化为正统文化，采用历代中原王朝的政治制度、语言文字、宗教信仰、价值观和伦理道德等。自秦汉以来形成的"大一统"思想，对中国民族文化的一体化曾起到十分重要的作用，形成了一种无形而强大的向心力。"大一统"思想根植于中国人的心灵深处，他们坚信，国家统一则各民族共享太平、安居乐业；山河破则生灵涂炭、民不聊生。在"大一统"信念的驱使下，无论是汉族还是少数民族的政治精英和知识精英皆以一统"天下"为己任，在统一中谋求长治久安。

　　文化的多样性是指各民族、各地区文化的个体性、独特性，它使各民族、各地区的文化互相区别开来，但并不是彼此分立、相互脱离的。文化的同一性是各民族、各地区文化普遍具有的属性，即中华民族文化的共性。这一共性是各民族、各地区的文化在数千年的发展过程中，相互影响、相互借鉴、相互吸收，形成"你中有我、我中有你"的难分难解的关系，并在各民族、各地区文化之上形成的一般的东西，即共同的、普遍的属性。文化的多样性与同一性是个性与共性的辩证统一，反映着中华民族文化的差异性和统一性的辩证联系。文化的同一性不能脱离多样性而存在，同一性寓于多样性之中，没有多样性就没有同一性。

多样性与同一性是中华民族双重认同的基础。就民族认同而言，每一个中华民族成员都具有双重认同，既认同中华民族，又认同本民族。中华民族是最高层次的认同，也是最基本的认同。我国之所以能够长期保持统一的多民族国家的格局，中华民族文化之所以能够数千年而经久不衰，与历代统治者能够较好地处理中华民族文化的多样性与同一性有密切关系。近代以来，各民族、各地区之间的交往越来越频繁，一体化趋势更为明显，同一性得到明显增强。一体化或同质化趋势增强了中华民族的凝聚力，同一性的增强保障了民族团结和国家统一。我们既要尊重 56 个民族各自的文化认同，又要强调中华文化共性层面的认同，要以增强对中华文化的认同为着力点，以社会主义核心价值观为引领，推动各民族文化的传承保护和创新交融，树立和突出各民族共享的中华文化符号和中华民族形象，增强各民族群众对中华文化的认同。

四、深刻认识中国特色社会主义最本质的特征是党的领导

中国特色社会主义最本质的特征是中国共产党的领导，中国特色社会主义制度的最大优势是中国共产党的领导，这是党的十九大以来以习近平同志为核心的党中央关于中国共产党历史地位的两个全新论断。这两个科学论断深刻揭示了党的领导与中国特色社会主义的关系，反映了以习近平同志为核心的党中央对共产党执政规律、社会主义建设规律、人类社会发展规律认识的深化。

从践行社会主义本质的现实来看，中国共产党是团结带领全国各族人民实现社会主义的核心力量。社会主义的本质包括解放和发展生产力，消灭剥削，消除两极分化，最终实现共同富裕；也包括实现国家富强民主文明和谐、实现人全面而自由的发展；等等。为了实现社会主义的本质，中国共产党在不同历史阶段提出不同的历史任务和行动纲领。我们回顾中国共产党成立以来社会主义革命、建设和改革的发展进步，可以得出一个基本结论：办好中国的事情，关键在中国共产党。党具有巨大的思想优势、政治优势和组织优势，有信心、有能力随时准备应对重大挑战、抵御重大风险、克服重大阻力、解决重大问题。实现社会主义的本质，离不开中国共产党的领导，我们必须毫不动摇地坚持中国共产党的领导。我们要坚定对中国共产党的认同，马克思主义和共产主义是共产党人的政治灵魂，只有认同中国共产党人的信仰，以中国共产党人的信仰为信仰，才能增进对中国共产党的认同。我们还要提高对学习马克思主义理论重要性的认识，自觉用党的创新理论武装头脑、指导实践、推动工作，要树立"四个意识"，坚定"四个自信"，做到"两个维护"。我国要全面贯彻落实党对民族工作的领导，把各民族干部群众的思想和行动统一到党中央决策部署上来，把党的领导贯彻落实到加强民族团结的全过程和各方面中，确保民族团结进步事业始终沿着正确的轨道向前推进。此外，中国共产党一贯重视学习、善于学习，注重实践探索，敢于直面各种问题，勇于应对风险和挑战，善于总结经验教训，不断推进理论创新，能够有效地实现指导思想、政策与制度的继承与创新，具有实践思维、理论思维、创新思维和与时俱进的品格。这些鲜明特质使中国共产党当之无愧地成为中华民族伟大复兴征程的无可替代的领路人，从而使广大群众坚定对中国共产党的认同。

五、深入理解中国特色社会主义是历史的必然，更是人民的选择

中国特色社会主义是凝聚全党全国各族人民团结奋斗的旗帜。改革开放40多年来，正是由于我们坚定不移地走中国特色社会主义道路，才使得我国的经济社会发展取得了巨大成就。进入新时代，我们只有让各族人民在中国特色社会主义伟大征程中感同身受地体悟到中国特色社会主义的伟大，才能进一步铸牢中华民族共同体意识。

（一）认同中国特色社会主义思想

习近平新时代中国特色社会主义思想坚持以人民为中心，具有人民至上的价值取向；对我们建成富强民主文明和谐美丽的社会主义现代化强国，具有观照现实的实践指向；立足我国发展新的历史方位和社会主要矛盾的深刻变化，立足党和国家发展的大背景、大趋势，清晰地回答了实现社会主义现代化和中华民族伟大复兴的总目标、总任务；清晰地回答了坚持以人民为中心的发展思想和不断促进人的全面发展、全体人民共同富裕的发展取向；清晰地回答了坚持"五位一体"总体布局、坚持"四个全面"战略布局、坚定"四个自信"发展中国特色社会主义的布局安排和定力支撑；清晰地回答了全面深化改革、全面依法治国以及新时代军队建设、大国外交等方面的目标要求；推动构建人类命运共同体，深刻领会习近平新时代中国特色社会主义思想，有助于进一步理解其丰富内涵，进而增强政治认同，树立拥护核心的政治自觉。

（二）认同中国特色社会主义的基本方略

关于习近平新时代中国特色社会主义，党的十九大报告中提出了一个重要的概念，就是新时代坚持和发展中国特色社会主义的基本方略，也就是说，在坚持党的基本理论、基本路线的同时，还要通过基本方略来指导、引领党的伟大事业。习近平新时代中国特色社会主义基本方略，可以概括为"十四个坚持"：坚持党对一切工作的领导、坚持以人民为中心、坚持全面深化改革、坚持新发展理念、坚持人民当家做主、坚持全面依法治国、坚持社会主义核心价值体系、坚持在发展中保障和改善民生、坚持人与自然和谐共生、坚持总体国家安全观、坚持党对人民军队的绝对领导、坚持"一国两制"和推进祖国统一、坚持推动构建人类命运共同体、坚持全面从严治党。基本方略涵盖了国防和军队建设、维护国家安全、对外战略，是实现"两个一百年"的奋斗目标、实现中华民族伟大复兴中国梦的"路线图"和"方法论",为建设习近平新时代中国特色社会主义现代化提供了更为具体的指导。

（三）认同中国特色社会主义的奋斗目标

对中国特色社会主义的认同,就是认同我国各民族繁荣发展的共同条件。中国式现代化是社会主义现代化,必须体现社会主义的本质要求,促进全体人民共同富裕,摒弃西方以资本为中心的现代化、两极分化的现代化老路。我们要把促进全体人民共同富裕作为为人民谋幸福的着力点、作为全国建成社会主义现代化强国的目标,坚持以人民为中心的发展思想,在高质量发展中促进共同富裕。我们不仅要创造丰富的物质财富,还要提升全民精神生活品质。我们要引导全体人民自觉践行社会主义核心价值观,传承和弘扬中华优秀传统文化,提高全社会精神文明程度,实现物质繁荣和精神富足相统一。中国式现代化将生态文明建设纳入现代化的总体布局,将构建人与自然和谐共生的地球家园作为目标追求,努力为子孙后代留下天更蓝、山更绿、水更清的优美环境。中国式现代化走的是和平发展的道路,倡导构建人类命运共同体。新中国成立特别是改革开放以来,中国各族人民在中国共产党的领导下,已经找到了实现中华民族伟大复兴的成功道路,这就是中国特色社会主义道路,它是历史的必然,更是人民的选择。因此,增进各族人民对中国特色社会主义的认同,是当今中国的时代主题,是党和国家思想政治工作的主线。

第二节　促进各民族共同富裕

进入新时代,以习近平同志为核心的党中央带领全国各族人民打赢脱贫攻坚战,全面建成小康社会,为促进共同富裕创造了时代环境。在迈向第二个百年奋斗目标的伟大新征程中，促进全体人民共同富裕对推动党和国家各项事业蓬勃发展具有基础性和引领性意义。对于关乎祖国统一和边疆巩固、民族团结和社会稳定、国家长治久安和中华民族伟大复兴的民族工作而言，追求各族人民共同富裕，更是承袭历史道路、接续伟大征程的必然选择。

中华民族是个大家庭，各族人民心手相牵、团结奋进，正致力于在高质量发展中实现共同富裕，向全国建成社会主义现代化强国的目标迈进。共同富裕，是全体人民共同富裕，是一个民族都不能少的富裕。为适应我国社会主要矛盾的变化，更好地满足人民日益增长的美好生活需要，我们必须把促进全体人民共同富裕作为为人民谋幸福的着力点。全国各族人民共同团结奋斗，扎实推进共同富裕，有助于进一步铸牢中华民族共同体意识。

一、促进共同富裕，为铸牢中华民族共同体意识奠定基础

在经济发展的过程中，由于自然、地理等原因，一些少数民族地区经济发展不充分、不平衡，与全国整体的经济发展水平存在一定的差距。多年来，我国尽管各民族地区取得了快速发展，但物质基础相对薄弱的客观事实不容忽视，必须及时缩小各民族地区的发展差距。我们要切实加快促进民族地区经济社会发展，进一步完善区域支持政策，持续加大对民族地区尤其是边疆民族地区的支持力度，优化转移支付和对口支援机制，实施好促进民族地区和人口较少民族发展、兴边富民行动等规划，切实推动"十四五"时期少数民族和民族地区的发展。我国要实现中国特色社会主义现代化，就必须增强民族地区自我发展能力和可持续发展能力，进一步激发民族地区内生动力，强化教育和文化投入，推动民族地区加快现代化建设步伐，增强民族地区自我发展能力和可持续发展能力，强化教育和文化投入，革除"等、靠、要"的思想和

"懒、散、慢"的心理，推动民族地区加快现代化建设步伐，要不断夯实中华民族共同体的物质基础，确保改革发展的成果更多、更公平地惠及各族人民，在共同富裕的道路上要确保各族人民对美好生活的追求不断得到实现，确保中华民族共同体意识的物质基础不断巩固。我国要进一步完善差别化区域支持政策，持续加大对边疆民族地区的支持力度，优化转移支付和对口支援机制，实施好兴边富民的行动规划。民族地区的各民族群众安居乐业，人民生活幸福，人们才会更加深切地感受到党的关怀和祖国大家庭的温暖，民族关系才会更加和谐，才能画出民族团结最大同心圆，中华民族共同体意识才会更加牢固。我国切实推动少数民族和民族地区的发展，切实增强各族人民群众的获得感、幸福感和安全感，共创各族人民美好未来。

二、在扎实推进共同富裕中增强中华民族共同体的向心力

习近平总书记指出："必须构筑中华民族共有精神家园，使各民族人心归聚、精神相依，形成人心凝聚、团结奋进的强大精神纽带。"①铸牢中华民族共同体意识，我们必须更好地建设中华民族共有精神家园。在实现共同富裕的道路上，我们要树立全体人民共同富裕的总体概念，从全局上把握"实现 14 亿人共同富裕"的"一体"，同时也要深刻认识到各民族的具体需求，充分考虑不同民族、不同地区的实际。回首党的百年风雨历程，我们可以深刻感悟到：中国共产党作为中华民族的主心骨，在增强中华民族的吸引力、向心力、凝聚力的过程中，建设共有的物质家园与建设共有的精神家园并重，在实现人民群众物质生活富裕的同时，也特别重视精神生活富裕。立足新时代，共同富裕涵盖了

---

① 习近平. 以铸牢中华民族共同体意识为主线　推动新时代党的民族工作高质量发展 [N]. 人民日报，2021-08-29（01）.

各族人民的多元化需求，凝聚了全国各族人民最深切的期盼，但共同富裕也是一个需要各族人民长期奋斗的过程，具有长期性、复杂性、艰巨性的特点。我国当前发展不平衡、不充分的问题依然严峻，城乡之间、区域之间发展不协调、不持续的问题依然较为突出，国际形势依旧错综复杂，这些都需要在中国共产党的坚强领导下，全力推进共同富裕重大战略部署，让各民族群众感受到改革发展带来的实实在在的好处，在共享发展成果的获得感中坚定跟党走的信念，积极投身于社会主义现代化强国建设中，坚持共同团结奋斗、共同繁荣发展。我们要牢固树立正确的祖国观、民族观、文化观、历史观、宗教观，锻造各民族同呼吸、共命运、心连心的牢固精神纽带，在推进共同富裕中增进各族人民对伟大祖国、中华民族、中华文化、中国共产党、中国特色社会主义的高度认同，促进各族人民更加同心同德、同向同行，进一步凝聚各族人民的向心力。

三、在扎实推进共同富裕中铸牢中华民族共同体意识

从历史上看，中华民族始终是一个各民族肝胆相照、荣辱与共的大家庭，在数千年的中华民族文明史中，无论是维护中华民族的强盛，还是推动中华民族的复兴，各民族一贯在民族危机、共御外侮中团结求存，也为谋求丰衣足食、安居乐业而和衷共济，各民族的具体利益与中华民族共同体的整体利益早已浑然一体，民族复兴是各民族共同的责任使命和前途命运。在党的百年光辉历程中，我们党之所以能够带领全国各族人民战胜一切艰难险阻，从胜利走向胜利，关键在于把建立最广泛的统一战线作为克敌制胜、执政兴国的重要法宝，始终坚持大团结、大联合，团结一切可以团结的力量，调动一切可以调动的积极因素，最大限度地凝聚起共同奋斗的力量。

进入新时代，实现共同富裕作为中华民族伟大复兴和建设社会主义

现代化强国的重要一环，正在以前所未有的程度竭力凝聚各个民族的力量，使得铸牢中华民族共同体意识有了更明确的实践方式。为此，铸牢中华民族共同体意识，要通过促进共同富裕，更好地激活各族人民的积极性、主动性、创造性，在共商、共建、共享中进一步焕发出参与的热情和创造的活力。共同富裕需要靠共同奋斗才能实现，只有人人参与、人人尽力，才能真正实现人人享有。我国在扎实推进共同富裕中确保各民族群众的主体地位，激发其主体意识，充分发挥当地群众的主观能动性和创造性，真正完成从"要我干"到"我要干"的转变。中华民族伟大复兴，包括经济、政治、文化等多方面的共同复兴，也是"一个民族也不能少"的各个民族共同的复兴，因而，促进各个民族在物质和精神层面的共同富裕，就显得尤为重要。我国要充分发挥农村基层党组织的战斗堡垒作用和党员先锋模范作用，积极动员和引导群众参与到发展进程中来。随着各民族群众在物质和精神层面的双富裕，"五个认同"将不断深化，铸牢中华民族共同体意识就能拥有更坚韧的精神连接。

四、实现巩固拓展脱贫攻坚成果同乡村振兴的有效衔接

脱贫摘帽不是终点，而是新生活、新奋斗的起点，如期完成脱贫攻坚目标任务后，要做好有效衔接，全面推进乡村振兴。做好巩固拓展脱贫攻坚兜底保障成果同乡村振兴有效衔接工作，是把握"国之大者"、践行"两个维护"的有力体现，是确保脱贫基础更加稳固、成效更可持续的政治任务。我们要认真看待巩固拓展脱贫攻坚兜底保障成果同乡村振兴有效衔接工作，深化认识在有效衔接工作中保障基本民生、强化基层社会治理、提供基本社会服务等重要职责，切实增强做好工作的紧迫感、使命感和责任感；要加强理论武装，学深悟透习近平总书记关于做好巩固拓展脱贫攻坚成果同乡村振兴有效衔接的各项工作要求，并将

其内化于心、外化于行；要压实各方责任，深化作风建设，建立督促调度机制，确保工作落实；要加强宣传引导、营造积极氛围，充分发挥脱贫攻坚先进示范引领作用，激励广大干部职工将有效衔接工作做实、做深、做好，注重在党史学习教育中，宣传党的民生思想，传播党的为民宗旨，宣讲党的兜底保障政策，传达党对困难群众的关心和关怀，教育引导广大困难群众听党话、感党恩、跟党走。

脱贫地区和脱贫人口发展基础仍然较为薄弱，部分脱贫人口存在着返贫风险。因而，我国要从工作机制、政策措施、服务对象等方面全面加强巩固拓展脱贫攻坚成果同乡村振兴的有效衔接；要保持低保等兜底保障政策总体稳定，对易返贫、致贫人口要加强监测，做到早发现、早干预、早帮扶；要健全低收入人口分层分类救助帮扶机制，完善基本生活救助制度，开展低收入人口综合救助活动，创新发展急难社会救助，积极开展服务类救助，织密扎牢基本民生兜底保障安全网。我国健全农村养老服务网络，加强农村基层政权和社区治理，进一步扩大社会力量参与，不断加强乡镇社会工作人才队伍建设，稳妥优化行政区划设置，继续开展东西部协作和定点帮扶，实现巩固拓展脱贫攻坚成果同乡村振兴的有效衔接，要持续发扬"上下同心、尽锐出战、精准务实、开拓创新、攻坚克难、不负人民"的脱贫攻坚精神，助力"让农业强起来、让农村美起来、让农民富起来"的美好愿景早日成为现实。我国加快推进民族地区乡村产业振兴、人才振兴、文化振兴、生态振兴、组织振兴，只有加快民族地区发展，实现共同富裕，才能为铸牢中华民族共同体意识夯实基础。

第三节　推动各民族间交往交流交融

一部中华民族史，就是一部各民族交往交流交融的历史，就是各民族共同缔造、发展、巩固统一的伟大祖国的历史，最终形成了"你中有我、我中有你、谁也离不开谁"的多元一体格局。习近平总书记强调："铸牢中华民族共同体意识，既要做看得见、摸得着的工作，也要做大量'润物细无声'的事情。推进中华民族共有精神家园建设，促进各民族交往交流交融，各项工作都要往实里抓、往细里做，要有形、有感、有效。"① 促进各民族广泛交往交流交融，是党的民族工作理论和实践的智慧结晶，是习近平总书记关于加强和改进民族工作的重要思想的重要内容，是党中央关于新时期民族工作的重大决策部署，也是推动中华民族共同体建设的重要途径。

一、各民族交往交流交融是铸牢中华民族共同体意识的重要途径

中国是各民族共同缔造的统一的多民族国家，中华文明五千年的历史就是一部各民族交往交流交融的历史。从历次大迁徙来看，各民族交往交流交融是我国历史上民族关系发展的主流。自秦汉以来，"大一统"也始终是历史发展的主流，各民族由多元迈向一体，最终形成了"你中有我、我中有你"的中华民族共同体。纵观历史发展进程，随着各民族的交往交流交融，中华民族从自在到自觉、从自觉到自强，中华民族共同体意识从无到有、从弱到强，具有不可阻挡的趋势。

---

① 习近平在参加内蒙古代表团审议时强调不断巩固中华民族共同体思想基础　共同建设伟大祖国　共同创造美好生活［N］. 人民日报，2022-03-06（01）.

二、不断拓展各民族交往交流交融的广度和深度

70 多年来特别是改革开放以来，我国大散居、小聚居、交错杂居的民族人口分布格局不断深化，呈现出大流动、大融居的新特点，各民族群众共居、共学、共事、共乐的社会需求愈加强烈。

促进各民族广泛交往交流交融是顺应中国特色社会主义新时代的要求，我们要有序推进各民族群众跨区域流动融居，支持民族地区特别是边疆民族地区群众到东中部地区经商、务工、就业、求学、定居等，引导东中部地区群众到民族地区投资、工作、学习、生活。我国要统筹城乡建设布局规划和公共服务资源配置，创造各民族群众共居共学、共建共享、共事共乐的社会结构和社会条件，逐步实现各民族在空间、经济、社会等方面的全方位嵌入。我国支持民族地区高等学校、职业院校扩大面向东中部地区的招生规模的同时，提高东中部高等学校、内地民族班在民族地区的招生比例，优化民族班教育管理模式，让孩子们在一起共同成长进步。我国坚持开展各级少数民族参观团和访问团活动、民族地区基层干部群众和青少年参观考察活动，支持各类性质的民族联谊活动等群众性交流活动。将铸牢中华民族共同体意识宣传教育常态化，并纳入干部教育、党员教育、国民教育体系中，引导各民族群众增强"五个认同"，在全社会营造"中华民族一家亲、同心共筑中国梦"的良好氛围，深化民族团结进步创建工作。此外，我国要推动民族地区加强基础设施和新型城镇化建设，推进东中西部经济发展协作，使民族地区更好地融入全国统一大市场、国内国际双循环，有序推进共同富裕，为各民族广泛交往交流交融奠定物质基础。

三、积极营造有利于各民族交往交流交融的社会环境

良好的社会环境是各民族交往交流交融的前提保证。我国要加强公

共安全体系建设，认真落实"七五"普法规划，不断夯实省（区）、市、县（区）、乡镇（街道）、村（社区）五级公共安全管理体系，以社区、村组为基础，加强少数民族流动人口服务管理，推进"一站式"服务模式，尊重差异，方便各民族群众办事。我国要掌握少数民族流入和流出人口基础数据，大力推行网格化、精细化管理，排查、化解影响民族团结和社会稳定的各种隐患。我国要依法管理民族宗教事务，推进法治建设，坚持用法治思维和法治方式处理涉及民族因素的事务，确保民族事务治理在法治轨道上运行。牢固树立法治思维和法治方式，构建少数民族务工经商、子女入学、就业培训、法律咨询、社会保障等全方位的公共服务体系，营造各民族共居、共学、共事、共乐的良好氛围。我国要加强社区民族工作，强化属地管理，推动党的民族政策，帮助少数民族发展各项措施在"最后一公里"得到不折不扣的落实。我国要健全矛盾纠纷调处机制，健全完善社会矛盾纠纷排查调处机制、预警机制和风险评估体系，建立市级领导接待群众信访工作制度和网上受理信访制度。我国要切实增强法治意识，依法维护少数民族群众合法权益，不断增强少数民族群众的获得感、幸福感、安全感，建立互通联系制度，建立少数民族代表人士信息库和覆盖市、县（区）、乡镇三级的领导干部联系少数民族代表人士制度，定期开展走访、联谊活动，进一步密切党和政府与少数民族代表人士的关系，充分发挥和调动少数民族代表人士在经济建设和社会和谐稳定中的积极作用。我国要努力提升城市文明水平，以创建全国文明城市为契机，全国文明城市创建措施落实到哪里，民族团结进步创建活动就同步跟进到哪里，合力打响一场为民、惠民、全民参与的共同体意识攻坚战，实现了"人人讲文明、处处抓文明"与"人人讲团结、处处抓团结"的同频共振和联创共建，在全社会营造"中华民族一家亲、同心共筑中国梦"的良好氛围。

四、夯实各民族广泛交往交流交融的社会基础

我国要坚持尊重差异、包容多样、增进一体，构建互嵌式社会结构，创造各民族群众共居、共学、共事、共乐的社会条件，让各民族群众在中华民族大家庭中手足相亲、守望相助，像石榴籽一样紧紧拥抱在一起。我们要创新工作方式和载体，全面深入持久地开展铸牢中华民族共同体意识的创建，把各民族群众的思想和行动统一到党中央决策部署上来，不断增强各民族群众对伟大祖国、中华民族、中华文化、中国共产党、中国特色社会主义的认同。我国要采取有力措施，全面加强国家通用语言文字教育，不断提高各民族群众掌握国家通用语言文字的水平，促进各民族广泛交往、全面交流、深度交融；要打牢社会基础、营造良好社会氛围，广泛开展促进民族团结的各项活动，加快构建各民族嵌入式社会结构和社区环境，有力促进各民族广泛交往、全面交流、深度交融，各民族群众像爱护自己的眼睛一样爱护民族团结，像石榴籽一样紧紧抱在一起；要进一步总结、完善、创新工作机制和方式方法，让中华民族共同体意识成为全社会普遍的共识，形成捍卫中华民族整体利益的社会氛围。随着良好的社会基础、社会氛围的巩固，我们必将对各民族干部群众形成向好的规范和带动，有助于中华民族共同体意识在祖国大地深深扎根、向阳生长。我们要高举中华民族大团结的旗帜，促进各民族交往交流交融，不断铸牢中华民族共同体意识，进一步增强中华民族凝聚力，汇聚起实现中华民族伟大复兴中国梦的磅礴伟力。

第四节 构筑中华民族共有精神家园

我们想要加强中华民族大团结，加快建设铸牢中华民族共同体意识

示范区建设，就要弘扬中华优秀传统文化，增强中华文化认同，进而全面构筑中华民族共有精神家园，使各民族人心归聚、精神相依，形成人心凝聚、团结奋进的强大精神纽带。

一、做好传承保护创新"大文章"

中华民族共有精神家园是在各民族交融汇聚成中华民族共同体的历史长河中形成的中华各民族的精神支柱、情感寄托和心灵归宿，以中华优秀传统文化为根基。中华文化积淀着中华民族最深层的精神追求，代表着中华民族独特的精神，是我们在新时代牢固树立文化自信的动力来源。进入新时代，以习近平同志为核心的党中央把文化建设提升到一个新的历史高度，把文化自信和道路自信、理论自信、制度自信并列为中国特色社会主义"四个自信"。我国文化建设在正本清源、守正创新中取得历史性成就、发生历史性变革，呈现出文化更加繁荣、蓬勃发展的生动景象。推动各民族文化的传承保护和创新交融，是繁荣发展中华文化的客观需要，是推进社会主义文化强国建设的必然要求，也是构筑中华民族共有家园的需要。我们要持续推动中华优秀传统文化创造性转化、创新性发展，鼓励"老歌新唱""旧瓶装新酒"，实施民族文化保护传承弘扬、经典民间故事动漫创作、戏曲传承振兴、中华文化新媒体传播、革命文物保护利用工程等，打造一批拥有中华文化底蕴、汲取各民族文化营养、融合现代文明的歌舞、话剧、影视、文艺作品等。我们积极打造传统文献和文化研究基地，实施古籍保护阐释及数字化工程，应用人工智能与文本大数据分析技术搭建中华优秀传统文化文献史料电子数据库，加大传统经典资源供给。站在各民族优秀传统文化都是中华文化的组成部分的立场上，在剔除宣扬保守封闭的意识、固守愚昧落后的生活方式和陈规陋习的前提下，采取系统保护、融合保护、活态保护、差异化保护等方式，注重各民族的饮食服饰、风俗习惯、文化艺术、建筑风格等方面的保护传承，让各民族文化真正"活起来""传下去""走更远"，不断丰富中华文化的基因库。

二、画好中华文化认同"同心圆"

"单丝不成线，独木不成林"。回望百年风云历程，海内外中华儿女胼手胝足、团结奋斗，心怀民族大义、脚踏复兴征程，秉持矢志不渝的"初心"，带领中华民族爬坡过坎、翻山越岭，"强国号"巨轮一路劈波斩浪，创造了非凡的历史业绩。当前，在新时代新征程上，我们要如"石榴籽"一般凝心聚力奋斗，凝聚起一往无前、战无不胜的磅礴力量，盛放民族复兴的"奋斗花"，我们要画好民族团结"同心圆"，树立携手同心"精神标志"。从星星之火的燎原到五湖四海的红潮翻涌，从闯过娄山关、横渡铁索桥、跋涉大雪山的步履维艰到书写"春天的故事"、开拓"希望的田野"，奋进的脚步奏响"同心节拍"，中华民族的伟大跨越来自民族团结、众志成城的力量。历史雄辩地证明，"众人拾柴火焰高"，发展的凝聚力、战斗力和创造力来自大团结、大联合，无论是疫情防控中的"全民防控、共同作战"，还是抗洪抢险战场上的"一方有难，八方支援"，无不彰显了民族团结的力量。团结互助既是思想上的"同频共振"，又是行动上的"齐步同行"。

中华文化历经千年而"弦歌不绝"，在于文化中蕴含的丰厚底蕴、致远情怀和世代传承的人生观、价值观，博大精深的中华文化为中华民族的发展壮大提供了坚实的支撑。我们要深深扎根于中华民族的文化沃土中，挖掘传统文化中蕴含的思想内涵、精神实质，加强对社会主义核心价值观的教育，从而铸牢中华民族共同体意识，用优秀传统文化构筑中华民族的精神命脉，让爱国情怀扎根新时代广大中华儿女的心灵深处，真正让中华文化枝繁叶茂、根深干壮。实现中华民族伟大复兴的中国梦，是无数中华儿女连续奋斗、不懈追求的伟大梦想，也是激励中华儿女在赶考征程上"拧成一股绳"的"精神源泉"。如今，我们已进入全面建设社会主义现代化国家的壮阔征程中，我们比历史上任何时期都更接近、更有信心和能力实现中华民族伟大复兴的目标，这既是机遇，亦是挑战。在前进的道路上，我们要以艰苦卓绝的奋斗、拼搏进取的精神攻坚克难，将个人的奋斗融入赶考征程中，以"天下兴亡，匹夫有责"的信念和勇毅连续赶考，同心协力、踔厉奋发画好攻坚克难的"同心圆"。

我们要正确认识中华文化与各民族文化的干枝关系，注意个性中凝聚共识、多元中强化一体，在增强中华文化认同的基础上，促进各民族文化包容互鉴、创新发展，实现以"一"统"多"、以"多"拥"一"的局面，让中华文化这棵大树根深干壮、各民族文化枝繁叶茂，我国实施中华民族视觉形象工程，从黄河、长城等国家地理标志，唐诗宋词、琴棋书画等文化标志，丝绸茶叶、文房四宝、汉服唐装等生活标志中提炼、概括出各民族共享的中华文化符号和中华民族形象，融入城市建筑、公共设施、旅游景观中，建设中华文化主题公园，让中华文化通过实物、实景、实事得到充分展现，直抵人心，唤起各民族共同的历史文化记忆。我们实施青少年学生夯基育苗工程，探索铸牢中华民族共同体意识一体化育人机制，将中华文化认同教育纳入社会教育、学校教育、家庭教育中，通过唱响"石榴籽"四字歌、开发"石榴籽"课堂、开展"石榴籽"主题活动、搭建"石榴籽"家校共育平台等，把中华民族共同体意识的种子埋在每个孩子的心灵深处。我们以铸牢中华民族共同体意识为主线，实施党员干部培元固本、社科理论正本清源、各民族群众凝心聚魂的工程，通过深入挖掘、有效利用和正确阐释各民族交往交流交融的历史事实、考古实物、文化遗存，持续深入开展马克思主义"五观"大宣讲活动和"中华民族一家亲、同心共筑中国梦"的宣传教育活动，推进"学历史、爱祖国、游家乡""讲各民族交往交流交融故事"的学习体验活动，多角度、全方位构建话语体系和有效载体，展现各民族"一起走过"的历史经验、"一起生活"的现实经历，向各民族干部群众讲清楚各民族血脉相连、命运与共的道理，引导广大干部群众正确认识中华民族历史特别是民族发展史，不断树牢休戚与共、荣辱与共、生死与共、命运与共的共同体理念，激发各民族干部群众作为中华民族大家庭一员的认同感、自豪感。

三、打好宣传教育研究"组合拳"

中华民族文化由各民族共同创造，展现了各民族文化的互鉴融通，中华民族文化不仅是各民族文化的集大成，也是滋养中华民族共有精神家园的"源头活水"。创新宣传，唱响铸牢中华民族共同体意识的主题曲，采取多批次、小规模、常态化的方式，创新开展多种形式的宣传教育活动，让中华民族共同体意识飞入千家万户。新老媒体同频共振，通过板报、宣传栏、横幅、报纸等传统媒体开展民族团结主题宣传，同时运用微信、抖音、学习强国等新兴媒体，探索"互联网+民族团结"的宣传模式，组织开展线上民族团结知识竞赛，指导学校开播民族团结进步教育的"空中课堂"。主题宣传活动出新出彩，我们要在各单位组织开展民族团结主题宣传活动，采取座谈会、培训班、演讲比赛等方式推动铸牢中华民族共同体意识入脑入心；开展民族政策法规宣传进小区、进楼栋、进家庭活动；引导各民族著名歌手创作关于中华民族共同体意识的歌曲。我们要多维度、全方位宣传各民族的传统节日和传统文化，推动各民族群众交往交流交融。学校开展民族团结进步宣传月，中小学校实现民族团结进步创建进校园全覆盖。一是民族团结进步教育进教材，组织编写具有地方民族特色的中小学（含幼儿园）德育实践活动手册，在德育实践活动中强化民族团结教育，从小培养青少年学生铸牢中华民族共同体意识。二是民族团结进步教育进课堂。在中小学开设民族团结进步教育课程，按规定课时安排教学。根据不同年级开设中华优秀传统文化的校本课程，让民族团结进步教育孕育在课程与活动中。三是民族团结进步教育进头脑。开展各民族师生"民族团结手拉手"互帮互助活动，建设"亲情小屋"，实行"点对点"帮扶和心理健康抚慰的活动，营造互帮互助、互信互爱的良好氛围，同时，民族团结进步教育与实践活动、社会和家庭教育相结合，组织师生开展爱国主义和民族团结进步教育系列活动。学校开展家长、学生共上民族团结课、开民族团结主题家长会、参观爱国主义教育基地等活动，推动学校、家庭、社会协同育人。我们要促进各民族群众广泛交流、全面交往、深度交融，形成共居共学、共建共享、共事共乐的良好氛围。

第七章

百色创建铸牢中华民族共同体意识示范市存在的问题

第一节　地区经济社会发展不平衡弱化认同感

民族地区的平衡发展，与整个国家平衡发展的实现有着直接的联系。我国长期以来以工业化和城市化为导向，忽视了广大农村地区的发展，一些地理位置偏僻、自然环境恶劣的地区，尤其是边疆少数民族地区经济发展不平衡，无形中弱化了边疆民族地区对祖国的认同。

一、民族认同问题的凸显

由于边疆民族地区独特的自然环境以及长期处于国家的边缘地带，一个民族的民族意识是在历史的长期积淀中形成的，具有相对独立性和稳定性。德国史学家梅涅克曾指出："文化民族具有高水平的族群同质性，使得民族于族群认同重合，它受到自然或历史的力量而非政治力量的塑造，民族成员的动力不是源于自发的政治效忠，而是来自近乎天生的族群认同。"由此可以看出，民族认同建立在文化同质的基础上，民族认同具有相对稳定性。但是，在边疆民族地区几千年的历史发展中，身处边疆地区的民族，常常受其他地区的侵犯，从而导致相对闭合的文化环境，地方民族主义情况严重。除此之外，民族认同也具有复杂性。民族在社会演变的进程中，受到宗教的影响很大，尤其要注意其消极的影响。宗教一旦被宗教极端分子所利用，将使得原有的宗教教义发生改变，民族认同也会随之出现分裂，变得多样化、复杂起来。

就百色市边疆地区而言，仍有部分民族处在比较落后的社会生活状态中，各民族如何融入当前高速发展的中国社会，如何真正将国家认同和自身民族认同实现整合，这是新时代边疆民族地区实现高质量发展面临的现实挑战。另外，如今的部分民族政策，更多的是偏向于选择直接的利益输送，尽管在这些政策的支持下，各个少数民族得到了迅速的发展，逐渐摆脱贫困走向小康。而为了后续的发展，作为政策客体的部分，少数民族会提出更高的要求，政策主体为了满足其发展的要求，则需要付出更多的资源。如何整合价值认同，形成超越单个民族的中华民族共同体意识，如何在这整体的意识影响下，使各个少数民族也会为了中华民族的整体利益而奋斗，并成为"中国梦"的直接缔造者，这条道路仍旧在探索当中。

二、边疆治理法治化水平有待提升

法治是国家治理体系现代化的主要标志，也是国家治理制度和治理体系的最高级形态。当前，我国正处于向现代化国家转型的关键时期，发展进入转型升级、爬坡过坎的新阶段，改革面对全面深化、攻坚克难的新要求。如何科学应对国际环境的深刻变化和国内三期叠加、矛盾错综复杂的形势，创造什么样的发展环境，以什么样的方式推进改革，都成为亟须破解的重大课题。在边疆民族地区实现高质量发展的过程中，由于边疆民族地区的自然环境、人文情况复杂，现代化的法治体系的确必将在边疆民族地区高质量发展的进程中发挥重要的作用。随着边疆民族地区社会经济的不断发展，法治在陆地边疆治理中的地位也将会逐渐凸显。诚然，一个社会的发展只靠政府是不具有活力的，但不可忽视的问题是边疆地区法治体系需要进一步完善。如何在中央政府的有限管理半径外，协调地方政府与社会组织之间的关系，保证政府在边疆民族地区治理中的主导地位，除了最重要的一点在于加强党对陆地边疆社会的全面领导外，还应当逐步提升边疆治理的法治化。对于百色边疆民族地区而言，由于在历史上长期远离国家经济、政治和文化中心，经济发展落后、交通闭塞、信息不畅通，人们思想观念保守、教育程度低下、宗教信仰浓厚，这样的客观现实决定了百色边疆民族地区法治建设的滞后性。主要表现：一是边疆人民群众法治意识薄弱、尊法意识不强。部分边疆人民群众由于受教育程度不高，尊法和守法意识淡薄。二是边疆领导干部依法办事能力有待提升。由于边疆社会与外部的相邻性和远离中央政府等多种因素，位于边疆地区的共产党员面临着"四个考验"和"四个风险"，严重影响了党内、地区的政治生态。党的十八大以来，在以反腐倡廉为总抓手的全面从严治党的大背景下，如何加强百色边疆社会的党组织建设，把党组织建设得更加坚强有力，在百色边疆的发展中发挥核心的领导作用，是新时代边疆各族人民的期盼。三是边疆地区部分宗教事务干预法治。边疆部分地区宗教信仰普遍存在，在部分地区宗教事务和地区法治建设上，在一定程度上，宗教人士干预法治建设的现象还存在。

三、边疆民族地区对大数据的认知和使用率有待提升

习近平总书记指出："中国和世界的关系正在发生历史性变化，中国需要更好了解世界，世界需要更好了解中国。"① 尤其在大数据时代，

---

① 习近平致信祝贺中国国际电视台（中国环球电视网）开播［N］. 新华社，2017-12-31.

如何通过大数据有效实现边疆民族地区高质量发展已经上升为一个重要的理论和现实问题。大数据时代是新媒体技术发展的产物，几乎所有的行业都难以忽视大数据对其未来发展的影响。边疆民族地区受地缘政治、经济条件和科技发展水平等因素的制约，对大数据的理解和应用都存在一些问题。

一方面，边疆民族地区大数据分析技术人才缺乏，对数据的因果关系分析能力亟待提升。维克托·迈尔-舍恩伯格和肯尼思·库克耶在《大数据时代生活、工作与思维大变革》一书中提出，因果推论是科学研究的最终目标，即利用我们已知的知识来了解我们未知的世界。对大数据进行因果关系分析需要专业技术人才来实现，目前，大数据分析技术人才缺乏，致使我们对一些相关数据的分析没有完全科学合理地做到定性与定量分析的紧密结合。但是，由于数据分析方面专业技术人才缺乏，很难就其数据本身直接揭示出因果关系。另一方面，大数据提供者不能透明开放数据，限制了大数据在边疆民族地区的全面应用。大数据的大量和多样性包含了各种各样的数据，不仅涉及国家、政府及每个个体，而且还涉及大多数国家间、政府间的利益问题。伊恩·艾瑞斯认为："各个领域的统计分析都在揭示出隐藏在各种各样不同的信息背后的相互关系。"这就会导致国家对数据的全面开放在短期内无法实现。同时，出于政治、经济利益的考虑，大数据提供者或使用者经常性地调整数据算法，造成研究者无法获得数据生成的基础测量过程和稳定的测量数据，因而，越来越多的研究者呼吁大数据提供者应该确保基本的数据透明性。自 20 世纪 60 年代互联网诞生之后，以美国为首的西方国家借用互联网的广泛传播，一直在互联网领域占据领导地位，掌握着全世界用来管理互联网的主目录跟服务器。西方国家不仅在技术层面实现完全掌控，而且在话语体系上打着所谓的新闻自由、信息自由的幌子构造起以西方话语体系为主的"互联网帝国"，发展中国家长期处于被支配地位，掌握信息资源的西方国家并不会对其全面开放数据信息。大数据时代的到来，边疆民族地区更需要把数据资源牢牢掌握在自己手中，把握大数据在边疆民族地区实现高质量发展过程中的应用前景，并掌握数据应用开放的能力。数据就是财富，数据就是话语，用数据发出来自边疆民族地区的声音。

四、边疆民族地区的城镇化与工业化水平较低

城镇化的直接衡量指标是农村人口转变为城镇人口，但是这个转变应建立在产业发展的基础上，而不是简单的户籍集中、人口搬家。我国边疆民族地区一般经济发展滞后，缺少大中城市的辐射拉动，有的地方在一个时段发展较快也往往是建立在矿产等特殊资源开发的基础上。这就造成了民族地区城镇化发展相对比较慢，而少数地方较高城镇化率存在"虚高"的现象，是低水平的城镇化（有的矿区、林区）。民族地区工业化发展水平落后主要体现在产业结构单一和结构层次较低这两方面。目前，民族地区的产业结构和其他地区相比仍然较低，由于产业门类少、规模小，民族地区城镇化普遍面临就业岗位不足的问题。一些少数民族群众因政府出于环境保护的需要而迁入了城镇，放弃了原有的农牧生活，又缺少城镇就业所需的一技之长，往往是靠政府的补偿金过日子，这种状态如持续加重，恐导致严重的社会问题。因此，民族地区城镇化建设尤其需要在产业支撑的基础上努力增加就业岗位，加大对职业教育和培训的支持力度。我们要把就业问题解决得好作为评价城镇化建设、衡量城镇化水平的约束性指标。随着改革开放的不断深入，民族地区的生产水平和生产力不断提升，民族地区第一产业的比值正处于下降状态，产业结构也得到了不断地调整与改善，但是因为发展历史较短，以至于民族地区的工业基础较为薄弱，仍然是以粗放型增长为主。

五、边疆民族地区消极文化束缚凸显

文化治边是边疆治理体系中的重要组成部分，文化治边要想获得良好效益，关键在于建设卓越的治边文化。边疆少数民族地区由于长期封闭，文化教育水平落后，以及传统文化中的一些消极因素，形成了一种落后的亚文化意识形态。同时，边疆民族地区由于受历史惯性影响和现实发展瓶颈制约，其传统文化自然深远、根深蒂固。目前，社会主义先进文化还未在边疆地区完全建立发展起来，以至于传统文化中落后文化和腐朽文化等不良文化因子在边疆地区仍然占据较大空间，对边疆各族群众起着不可小觑的软指导、软规范和软束缚作用。如创业冲动微弱，易于满足，风险成本承受能力较低，不能抵御较大困难和挫折，不愿冒险，生产生活中的独立性、主动性较差，有较重的依赖思想和听天由命的观念，难以打破传统和习惯，安于现状，乐于守成等。重消费轻积累，重义轻利等思想也与市场经济所提倡的唯利是图相悖。有鉴于此，我们就需要有目的、有计划、有组织地凝练出一种卓越的治边文化，在保持社会主义先进文化前进方向的同时，还要保持边疆地区独有的文化特色。这些边疆民族文化中固有的传统观念、遗风陋习难以与现代市场经济接轨，制约着边疆民族地区经济社会进一步发展。

第二节　铸牢中华民族共同体意识示范市机制不够健全

建设铸牢中华民族共同体意识示范市是一项系统工程，涉及制度保障、政策执行、主体协同、实践成效等诸多方面，需要建构铸牢中华民族共同体意识示范市的相关机制，提升建设铸牢中华民族共同体意识示

范市的成效，百色市在健全机制方面，还存在不足之处。

一、建构铸牢中华民族共同体意识的主体协同机制有待提升

铸牢中华民族共同体意识，既是新时代党的民族工作的主线，又是我国的一项战略任务，需要在党的领导下动员全社会成员共同参与，建构铸牢主体的协同机制。铸牢中华民族共同体意识是由铸牢的条件、主体、客体、手段、目标等要素构成的系统工程，其中铸牢主体的积极性和合作协调能力对铸牢成效起到重要的推动作用。因此，建构铸牢中华民族共同体意识的主体协调机制，探讨党领导下多元主体的协同机制、实践原则与互动合作，体现了铸牢中华民族共同体意识"以人民为中心"的理念，也有助于更好地落实铸牢中华民族共同体意识的时代要求。

铸牢中华民族共同体意识是党领导下的"人民之治"，在党的领导下充分发挥各族人民的力量和智慧，体现铸牢主体的多元化和协同化。铸牢主体包括党委、政府、主流媒体、教育部门、社会组织等部门机构以及全体中国人民，铸牢主体被纳入国家制度体系形成主体协同机制，方能提升铸牢中华民族共同体意识的效能。我们要完善各级党委和政府领导、相关部门合作、全社会参与的工作机制，充分发挥多元主体的积极作用，形成各族人民共同参与的铸牢行动。铸牢中华民族共同体意识涉及民族领域和社会领域的诸多要素和不同层级部门，是一项全方位、广覆盖的国家建设活动，我们需要从宏观上进行整体把握。地方党政干部做好社会动员工作，提高民众参与度，以责任驱动机制增强多元主体的协同合作，促进全社会民众的协同配合，形成全社会共同参与、协同合作的工作格局。

在各级党委和政府的领导下，建构铸牢中华民族共同体意识双向互动的协调机制，即由上而下逐层推进和由下而上相互配合的互动机制，

实现全社会成员的共同参与。"通过提升党组织在铸牢中华民族共同体意识活动中的领导力和组织力，统筹社会各方面力量，增强各方面合力，实现顶层设计和全局规划，确保铸牢中华民族共同体意识有序展开。"在铸牢实践中，因涉及各级党委和政府的责任关系、权限边界和限度等因素，我们对理顺党政关系中的隶属关系及其所承担的政治和社会责任，推动上下联动模式运转还有待进一步增强。表现：其一，主流媒体宣传和党员教育、干部教育、国家教育等社会宣传教育还不够全面，铸牢中华民族共同体意识重要意义的宣传和教育不足，使得政府、主流媒体、党校、学校等主体的共同参与程度还不够高。其二，民族政策落实方面的上下联动，党和政府运用国家力量推进民族团结进步政策的落实，特别是地方政府对中央精神、中央政策的贯彻落实，偶有"上有政策下有对策"的现象发生，铸牢中华民族共同体意识的成效仍有差距。其三，维护中华民族共同利益方面的上下联动，要把地方和各民族具体利益统一到国家和中华民族共同利益之中，但"地方主义"色彩的利益分割时有发生，没能完全引导各民族始终把中华民族的利益放在首位，共同维护中华民族共同体利益。未能及时有效应对铸牢中华民族共同体意识面临的风险挑战，仍需要在诸多场域实施"上下联动"，如处理复杂的民族问题，反对大汉族主义和地方民族主义，防范民族领域重大风险隐患，处理涉民族因素的意识形态问题，肃清民族分裂思想、极端宗教思想的流毒等。上下联动模式是铸牢中华民族共同体意识在主体协调机制中的操作方式，体现了"坚持全国一盘棋，调动各方面积极性，集中力量办大事的显著优势"。

二、建构铸牢中华民族共同体意识的执行与监督机制有待增强

铸牢中华民族共同体意识的运行机制，主要包括铸牢决策、组织动员、制度（政策）执行、过程监督、绩效评估与考核等环节，其中制度（政策）执行和监督评估是关键环节。

（一）执行机制

制度执行包括中央与地方联动，经济社会发展，宣传教育，民族互嵌式社会结构建设，法治化治理等方面。在国家制度内部属性保持长期稳定的情况下，我们应着力优化铸牢中华民族共同体意识制度体系的内部结构，创新运行机制、增强制度执行能力。推动铸牢中华民族共同体意识各要素的相互配合，关键在于创新铸牢的执行机制，主要表现为两方面：一是建构分层对接机制，推动各级制度和政策的纵向衔接。由根本制度和基本制度派生的重要制度以及国家政策和地方政策，共同构成铸牢的主体性制度和政策，延伸到铸牢中华民族共同体意识活动的诸多方面。分层对接包括自上而下的政策落实和自下而上的执行反馈机制。二是建构顶层设计与分层对接之间的机制。以国家制度和政策为核心加强铸牢工作的制度性顶层设计，为确保党和政府推进铸牢工作的安排落实到位，需处理好顶层设计和分层对接关系，使国家层面的制度和政策转化为可落地的地方民族政策、各省民族工作条例、城市民族工作条例等。

在铸牢环境保持长期稳定的情况下，我们要优化民族团结进步工作的制度体系、增强民族政策的执行能力。从中央集中统一领导、民族地区经济发展、中华文化认同、建构互嵌式社会结构、法治化治理等方面，推进铸牢制度的有效执行，增强社会动员和响应能力，这是保障顶层设计和制度执行效果的关键环节。从各族人民相互交往交流交融、制度和政策的学习宣传和执行、对民族政策实施的总结反馈和改进三方面，形成动态化的铸牢中华民族共同体意识的运行模式和实践环节。铸牢中华民族共同体意识的实践环节，包括民族政策执行、铸牢效果评估、执行反馈等系列活动，其中民族政策执行能力需要完善执行方式和反馈机制。民族理论和民族政策只有得到各民族的认知和认同，才能转化为铸牢效能，这涉及民族政策执行效果的监督考核环节。民族政策执行力度有赖于高度的政策认同，从行为意愿上提高铸牢主体对国家政策的领悟力和执行力。优化执行机制以切实提升铸牢制度和政策的执行能力，需要凝聚政策共识、维护政策权威、选优配强政策执行队伍。政策共识的历史基础是提升各族人民的中华民族历史认同和文化认同，"坚持正确的中华民族历史观，增强对中华民族的认同感和自豪感"。政策共识的现实基础是维护国家统一和民族团结、全国建成社会主义现代化强国、为民族复兴汇聚合力，"从中华民族伟大复兴战略高度把握新时代党的民族工作的历史方位，以实现中华民族伟大复兴为出发点和落脚点，统筹谋划和推进新时代党的民族工作"，这也是铸牢中华民族共同体意识的主要目标。政策共识的政治基础是坚持党的全面领导，增强党员和党组织"四个意识"，坚定"四个自信"，认真履行铸牢主体责任。

百色市在优化铸牢政策体系结构、完善铸牢运行机制、增强制度和政策执行能力方面，创新民族政策执行方式不足。在铸牢中华民族共同体意识上我们应充分运用信息社会的技术手段（互联网、大数据分析、人工智能等），把智能化技术作为提升政策执行效果的有效工具和载体，全面提升铸牢效果，实现民族政策执行的精准化和高效率；运用数据驱动和大数据分析，动员和整合社会资源，提高民族工作信息化水平和民族事务治理能力，有效推进民族事务治理体系和治理能力现代化。

（二）监督机制

铸牢中华民族共同体意识的制度和政策及时落实，解决民族冲突和矛盾，达到维护民族团结和增强国家认同的目标，我们需要建构系统的监督机制。我们要实现铸牢中华民族共同体意识的规范化、制度化和长效化，对铸牢工作及其结果进行有效的监督和考核，形成党和政府监督、社会监督的整体合力。党的十九届四中全会指出："健全党统一领导、全面覆盖、权威高效的监督体系，增强监督严肃性、协同性、有效性。"① 改革开放 40 多年来，我国民族工作制度体系已经形成，现在着力点应放在加强各项制度的体系集成和协调高效方面，解决体制下阻碍、机制性梗阻、政策性创新等问题。

我国要加强铸牢中华民族共同体意识工作制度和政策落实的监督考核，把制度执行和监督考核贯穿铸牢的全过程，建立全方位、系统化、权威高效的监督体系，形成决策科学、执行坚决、监督有力的制度运行机制，从而使各项制度落实落地。百色市在铸牢中华民族共同体意识的工作中主体的政策执行能力方面，对创新政策执行方式、完善政策执行监督机制、加强铸牢成效信息反馈还不够及时。"健全权威高效的制度执行机制、加强对制度执行的监督，坚决杜绝做选择、搞变通、打折扣的现象。"具体地说，社会现实中还存在对贯彻落实民族政策相机而行的执行问题，比如，选择性执行、变通性执行、折扣性执行、象征性执行等，导致民族政策执行中缺乏应有的政治性、完整性、实效性和权威性，实际上并未达成预期的政策目标，造成政策落实的"钝化效应"。为防止此类现象发生，我国应从政策执行的规范化和监督方面入手，实现政策执行的规范化、精准化和高效化。我国建构新时代铸牢中华民族共同体意识工作的监督反馈机制，发挥各族人民民主和密切联系群众的制度优势，把各族人民群众的意见建议反馈给铸牢高层主体和党政部门，及时化解存在的问题。

三、建构铸牢中华民族共同体意识的功能导向机制有待完善

铸牢中华民族共同体意识的功能性，是指一定时期内铸牢中华民族

---

① 中国共产党第十九届中央委员会第四次全体会议公报 [EB/OL]. 新华网，2019-10-31.

共同体意识各要素发挥作用所达到的铸牢成效及其产生的客观影响。实现铸牢中华民族共同体意识的目标任务，需要建构铸牢的功能导向机制，完善或调适民族工作中的相关制度和政策，提升铸牢成效。民族政策机制的导向功能和规范功能相辅相成，所谓民族政策导向功能，就是指民族政策应通过有效的政策运行来发挥好指挥棒的导向作用，引导地方特别是民族地区紧紧围绕铸牢中华民族共同体意识有的放矢开展民族工作，引导各民族广泛交往、全面交流、深度交融，共建中华民族大家庭。尽管在不同的历史时期，以及面临不同的时代环境和国家建设的任务，民族政策的导向略有不同，但总的来看，民族政策无论在价值取向、行为导向和思想意蕴方面，都需要以铸牢中华民族共同体意识来发挥好政策导向功能。在价值取向层面，我们要不断推进中华民族共同体建设，维护中华民族大家庭的团结和多民族国家的统一，实现中华民族伟大复兴，理应成为最基本也是最核心的价值；在行为层面，既需要引导各族干部群众自觉维护民族团结、自觉铸牢中华民族共同体意识，又需要引导各民族"在中华民族大家庭中像石榴籽一样紧紧抱在一起"并使其成为自觉的集体行动；在思想意蕴层面，同时还需引导各民族树立正确的国家观、民族观、宗教观、历史观、文化观，引导各民族及其成员正确看待本民族文化与中华文化、本民族与中华民族的关系，引导各民族成员正确处理本民族的族体利益同中华民族整体利益之间的关系。新时代铸牢中华民族共同体意识面临的问题具有多样性、复杂性特征，需要多元主体共同参与和各要素相互配合共同推进。一是增强中华民族共同体认同，提升中华民族凝聚力和国家认同意识；二是培育并熔铸中华民族共同体成员的同胞情感、共同心理、共同价值，发挥其政治整合、精神凝聚和目标激励功能。

我们要建构铸牢中华民族共同体意识的功能导向机制，需要根据国内外环境变化对民族工作主线和民族政策有针对性地进行调整。改革开放以来，我国各民族交往交流交融的有利因素日益增多，培育中华民族共同体意识的有利条件也在增加。但与此同时，由于国内外复杂因素的影响，包含民族因素的矛盾纠纷时有发生，部分民众在意识形态、民族团结观念、中华民族认同等方面的共识还没有完全统一，甚至还存在一定的分歧，给铸牢中华民族共同体意识带来诸多问题和挑战。针对这些新变化、新挑战，百色市需要进一步建构铸牢中华民族共同体意识的功能导向机制，持续增强各族群众对伟大祖国、中华民族、中华文化、中国共产党、中国特色社会主义的认同。从铸牢中华民族共同体意识的角度出发，百色市应坚持始终把中华民族的利益和国家整体的利益放在首位，进一步全面宣传民族政策的政治功能，坚持各民族多样性和中华民族共同性的辩证统一关系，助推实现中华民族伟大复兴的中国梦。

第三节　铸牢中华民族共同体意识尚未完全
融入大中小学全过程育人

2021 年中央民族工作会议强调以铸牢中华民族共同体意识为主线推动新时代党的民族工作高质量发展，提出要以增进共同性、尊重和包容差异性作为改进民族工作的重要原则，"要构建铸牢中华民族共同体意识宣传教育常态化机制，纳入干部教育、党员教育、国民教育体系，搞好社会宣传教育"，这对中华民族共同体意识的教育工作提出了新要求，就学校教育特别是中小学教育而言，这一要求既是机遇也是挑战。将中华民族共同体意识教育融入中小学日常教育教学体系，一方面意味着可以借此系统检视在当前中小学德育工作中存在的问题，重新整合资源、理顺体制；另一方面也意味着需要重构中小学教育的培养目标、教育模式、教学方法等，创新教育思维、拓展教育空间。

因此，学校培育中小学生的中华民族共同体意识，必须基于对中小学教育特点的整体性把握，寻找学校教育与铸牢中华民族共同体意识的最佳结合点，探索一种有活力且能有效促进学校、家庭与社区教育融合的学校教育模式，以更好地发挥学校教育在铸牢中华民族共同体意识中的作用。

一、"中华民族共同体意识教育"在中小学德育工作中的指引作用还不够明显

"中华民族共同体教育"是新时代增强各民族人民对中华民族共同体认同的适切性新概念，具有十分丰富的内涵和重要的时代价值。根据爱利克·埃里克森（Erik H Erikson）的认同理论，共同体意识与共同体之间是一种双向互构的关系，而在民族语境下，这种"体识互构"关系更多展现出的是民族共同体意识在民族共同体形成中的决定性作用。换言之，各族人民对中华民族共同体的认同，在塑造作为一个聚合关系实体的中华民族共同体中发挥着决定性作用。着眼于增强文化认同、民族认同、国家认同的铸牢中华民族共同体意识，我们必然要从历史、文化、政治等多维度上充分阐发中华民族共同体的深厚意涵，而"中华民族共同体教育"正当其时。

德育工作是中小学教育的基本内容之一，各主题教育之间既各有侧重又互有交叉关联。自党的十八大以来，培育中小学生的中华民族共同体意识，增强中小学生的中华文化认同、国家认同已成为各主题教育的共同目标，但在教育实践中，不同的主题教育各自为战、教育目标偏移、内容和形式同质化、重形式轻实效等问题突出，"中华民族共同体教育"在整个德育教育体系中指引性作用还不够明显。

具体表现：首先，拓展"中华民族共同体教育"的历史、文化和政治教育对中华民族作为历史、文化、经济、政治、社会生活以及命运

共同体的积淀、形塑过程的阐述不够深，构建德育教学体系的内容框架不够完整。比如，史实材料作为课堂教学和实践活动的支撑不够，没有根据不同德育主题，从不同角度阐发、讲解其中所蕴含的共同情感、共同价值和共同信念，强调"中华民族共同体"的共同性不足。其次，没有完全依据中小学各学段学生的认知发展特点和体验式学习引导学生认识、理解中华民族共同体的形成过程，中小学生在情感层面"共建、共有、共享"的中华民族共同体的认同感、归属感不足。最后，在提升中小学德育工作者的理论水平方面，德育工作者准确、深刻地阐释讲解"中华民族共同体"内涵的能力和适应中小学生认知、理解概念的能力有待提高。在对校园、教室、体育场馆等学校环境的精心布置，以及校风、班风的塑造以引导学生主动参与到"共同体"的创建、维护，培养"共同体"的群体意识，增进学生对中华民族共同体的认识和体验上还有一定的差距。

二、构建以"五个认同"为核心的融合型中华民族共同体意识教育教学体系不够完善

2019 年 11 月，中共中央、国务院印发的《新时代爱国主义教育实施纲要》明确指出："深化民族团结进步教育，铸牢中华民族共同体意识，加强各民族交往交流交融，引导各族群众牢固树立'三个离不开'思想，不断增强'五个认同'，使各民族同呼吸、共命运、心连心的光荣传统代代相传。"[①] 这一要求明确了在具体教育实践中中华民族共同体意识教育的核心内容。着眼于观念与文化塑造的中华民族共同体意识教育应更注重与以知识教育为主的学校常规教育进行有机融合，从而进

---

① 中共中央，国务院. 新时代爱国主义教育实施纲要［EB/OL］. 新华网，2019-11-12.

一步完善。

在部分边境地区的日常教育教学中尚未真正与铸牢中华民族共同体意识的目标联系起来。因此，我们应在中小学德育教育中强化中华民族共同体意识教育的全员性，并与爱国主义教育、国情教育相结合，细化各个学段中"五个认同"意识的教育目标和教育内容，构建"1+N"型多科目课程有机结合的德育课程体系，即以各学段德育专门课程为主，以语文、历史、地理等课程为辅，增设"中华民族共同体""民族交往交流交融"等专题，使德育教学与分科知识教学有机融合在一起。同时，各级教育主管部门应与时俱进，修订新版《中小学德育工作指南》，加快德育课程教材的建设，优选德育教育示范课，促进德育教育教学规范化，提高中华民族共同体意识教育的实效。

地方课程具有课程资源内容丰富、贴近日常生活、适宜实践探究等特点。我国的地方课程在30多年的发展历程中，在弥补教育资源不足、传承优秀传统文化、服务地方经济文化发展等方面发挥了重要的作用，但边境民族地区的地方课程在课程资源统一规划、价值导向、课程化水平等方面参差不齐。因此，地方课程要明确以铸牢中华民族共同体意识为指导思想，在课程资源开发的主体、内容选择、服务对象、适用范围等方面加强统一规划，明确"地方性"，以"国家性""共同体性"为前提，充分发挥作为国家课程的有益补充的作用，着重发掘地方课程资源在培养学生家国情怀、理解中华民族"共同性"、强化"中华各民族共有精神家园"认同等方面的价值。

边境民族地区专业化师资队伍不足是民族地区民族团结教育发展中的瓶颈和短板，并与课程教材建设滞后的问题相互影响，大大削弱了实践民族团结教育的效果。作为教育的主体性、教育性、内容性和价值性资源，教师决定了民族团结教育的实效性，因此，中华民族共同体意识教育必须高度重视专业化师资的培养。从常态化的角度考虑，首先，要制订中小学德育教师专业素质提升计划，定期进行专业师资培训；其次，要在中小学师范生培养和师资培训中增加中华民族共同体意识教育专题，全面提高中小学教师的政治素养和德育意识；最后，要考虑通过教学竞赛、"教育技能比武"等形式提升教师组织、开展中华民族共同体意识教育的实战技能，激发教师的德育工作热情。

民族团结进步教育实践的实效性不足是以往相关实践活动中的常见难题，理念与实践脱节、内容同质化、活动载体单一等问题比较突出。因此，国家要鼓励中小学精心设计系统的个性化中华民族共同体意识教育实践体系，发挥自身办学优势，吸收地方优秀传统文化元素并将其融入实践活动，着力发掘其在增进中华民族共同体意识的共同性层面的价值，充实教育实践内容，建立适当的教育质量考评标准，并纳入学校办学和学生学业考评体系中，增强学校、教师和学生的责任感。

三、打造导向民族交往交流交融的互嵌式学校教育场域不足

促进各族学生之间的交往交流交融，是学校教育场域中铸牢中华民族共同体意识目标达成的关键部分。2015 年国务院印发的《关于加快发展民族教育的决定》中提出，要通过民汉合校、对口支援学生交流、内地民族班走班制等形式促进校园中各民族学生间的交往交流。其根本目标在于通过各族学生间的常态化交往交流，塑造校园中的互嵌型社会结构，引导学生参与各民族之间"三个离不开"关系的构建，体验民族交融的过程和状态。学校教育中的民族团结进步教育不仅是一个自上而下的观念、意识培育过程，还是引导学生、教师建立互嵌式关系，体验共同体意识，进而形成学校场域中"中华民族命运共同体"的重要途径。这样的途径对民族团结教育以及学生语言水平和学业成绩的促进作用是积极的，但民族团结教育工作不连续、教师跨文化管理能力不足和管理灵活性缺乏等问题还比较突出。由此来看，民汉合校、混合编班

在培育中华民族共同体意识方面的作用是值得肯定的，但在具体教育情境中的教育实践模式仍需不断探索、完善。

在中华民族共同体意识形成的实践中，民族交融往往是基于各民族间充分的交往交流中文化共建、文化共享的结果。因此，我们应着眼于各民族文化在学校教育中的交流共享，以文化活动作为师生间交往交流的媒介。例如，结合中小学生活泼好动、形象化思维活跃等特征，学校组织师生开展或参加节庆、游园、体育竞赛、歌舞等活动，或者邀请家长、社区参与学校的文化实践活动，在共享文化中实现文化共享、共建。这有利于促使学校教育充分发挥汇聚人群、凝聚人心的功能，成为互嵌式社会结构构筑的文化纽带，成为民族交融的推动力。

四、把铸牢中华民族共同体意识贯穿高校教育全过程不够系统

高校肩负着培养社会主义合格建设者、接班人的历史使命，是开展铸牢中华民族共同体意识教育的重要阵地。教师要把铸牢中华民族共同体意识贯穿高校教育全过程，紧紧围绕"培养什么人、怎样培养人、为谁培养人"这一根本问题，讲好思政课，增强大学生对伟大祖国、中华民族、中华文化、中国共产党、中国特色社会主义的认同感，引导学生将铸牢中华民族共同体意识嵌入内心、融入血脉。

习近平总书记在全国高校思想政治工作会议上指出："要用好课堂教学这个主渠道，思想政治理论课要坚持在改进中加强，提升思想政治教育亲和力和针对性。"① 在构建以"铸牢中华民族共同体意识"为主线的课程体系中，地方部分高校没能将"中华民族""中华文化""中国共产党""社会主义核心价值观"等核心概念系统地嵌入到高校课程

---

① 习近平. 思政课是落实立德树人根本任务的关键课程 ［EB/OL］. 求是，2020-08-31.

设置、教材编写、理论教学及课程评价中，在推进中华民族共同体意识进教材、进课堂、进头脑方面还有所欠缺。同时，部分年轻思政课教师对课程标准和教材的理解和把握能力不足；在充分发挥教师对大学生的思想引领作用的时候，教师特别是在铸牢中华民族共同体意识方面的作用有所不足。

实践是认识的来源、发展动力和检验标准，中华民族共同体意识是在实践中提炼和升华而来的。第二课堂是理论课堂的延伸和补充，部分高校没能充分发挥第二课堂的实践活动作用，以致在深化大学生对铸牢中华民族共同体意识的思想认识、确保铸牢中华民族共同体意识围绕"理论为基、实践为根"的理念方面有所弱化。习近平总书记指出："要高度重视思政课的实践性，把思政小课堂同社会大课堂结合起来。"高校要积极开展形式多样、内涵丰富的思想政治教育社会实践活动，如开展暑期"三下乡""西部志愿服务计划"等社会实践活动、"百万师生重走复兴之路""中华民族一家亲"等民族团结教育主题活动，鼓励各民族学生共同参与，以中华文化为纽带、以实践活动为载体，在实践中磨炼心志、交流思想、建立信任、培育情感，推进各民族学生达成思想与情感的共鸣，自觉把个人理想融入中华民族复兴伟业中。学校充分发挥"第二课堂"育人功能，拓展铸牢中华民族共同体意识的实践渠道，让大学生在参与实践活动中厚植爱国主义和民族团结情怀，引导各族学生共知、共情、共忆、共思，不断增强"五个认同"，使中华民族共同体意识入脑入心。

第八章

百色创建铸牢中华民族共同体意识示范市的思考与建议

第一节 全面加强党对民族工作的领导

习近平总书记在中央民族工作会议上强调"必须坚持党对民族工作的领导,提升解决民族问题、做好民族工作的能力和水平"。在实现第二个百年奋斗目标的新征程上,推进党的民族工作更是要将党的全面领导贯彻到全过程、各领域。

一、加强和完善党对民族工作的全面领导,保证党的民族工作正确的政治方向

(一)强化理论武装,推动习近平总书记关于加强和改进民族工作的重要思想入脑入心

加强和完善党的全面领导,是做好新时代党的民族工作的根本政治保证。党的政治领导,体现于根据不同历史时期的发展状况和具体实际,因时而异确定民族工作的政治目标、政治任务、政治方向,制定路线方针政策,确保党和人民的事业沿着正确的方向前进。建党百年来,针对民族地区的特殊性,党以强烈的政治风险意识,坚持不懈地反渗

透、反颠覆、反分裂，有力维护了国家的统一和民族的团结，体现了党对民族地区的坚强领导力。

实践充分证明，中国共产党的领导是做好民族工作的根本保证，也是各民族大团结的根本保证；只有中国共产党才能实现中华民族的大团结，只有中国特色社会主义才能凝聚各民族、发展各民族、繁荣各民族；我们党"为中国人民谋幸福，为中华民族谋复兴"的初心使命，既是"党的性质宗旨、理想信念、奋斗目标的集中体现"，又彰显着党的政治本色和政治追求。

百色市各级党委认真贯彻落实党委（党组）会议"第一议题"制度，及时跟进学习习近平总书记关于加强和改进民族宗教工作重要思想、重要讲话、重要指示批示精神和党中央重大决策部署，切实用以武装头脑、指导实践、推动工作落地、落实、落细。百色市通过党委（党组）理论中心组及"三会一课"等形式专题学习，领会中央、全区民族工作会议精神及关于民族工作的决策部署，进一步提升全市各级领导干部做好民族工作的能力和水平，切实把铸牢中华民族共同体意识贯穿到各项工作中，把创建工作与中心工作同部署、同推进、同落实，共同推动百色市铸牢中华民族共同体意识示范市创建工作再上新台阶。百色市将习近平总书记关于加强和改进民族工作的重要思想和铸牢中华民族共同体意识纳入全市各级党校、行政学院等各类主体班培训的必修课程中，对全市各级领导干部开展专题培训，确保习近平总书记关于加强和改进民族工作的重要思想入脑入心。

（二）落实党委民族工作主体责任，为落实民族工作提供坚强保障

一是成立由市委书记、市长担任双组长的创建工作领导小组，市委常委会、市人民政府常务会每年专题研究创建工作两次以上，市人大发挥监督检查作用开展专项检查，市政协组织开展铸牢中华民族共同体意识示范市建设委员行动，为百色市铸牢中华民族共同体意识示范市创建

工作献策献计。二是深入实施"四级书记"抓创建的"一把手"工程，市直各有关单位、各县（市、区）、各乡镇（街道）、各村（社区）组织成立以党委（党组）、党支部书记为组长的创建工作领导小组，形成市、县、乡、村"四级书记联动"抓创建机制。三是纪检、组织、宣传、巡察等部门把铸牢中华民族共同体意识纳入党的建设和意识形态工作责任制，纳入政治考察、巡视巡察、政绩考核，进一步营造民族团结进步创建工作的大格局、大环境。

（三）完善党委领导民族工作的体制机制，确保民族工作有效运转

一是把围绕铸牢中华民族共同体意识开展民族团结进步创建工作纳入各级党委、政府重要议事日程中，把铸牢中华民族共同体意识贯穿到全市各项工作全过程、各方面中，将百色市铸牢中华民族共同体意识示范市创建工作列入全市年度工作报告、"十四五"规划和2035年远景目标中，与文明创建、双拥创建、乡村振兴等重点工作同部署、同谋划、同推动。二是各县（市、区）、市直各企事业单位和社会团体对照市级成立党政主要领导担任组长的创建工作领导机构，组建工作专班，充实工作人员，认真组织开展创建工作，形成了"一级抓一级，层层抓落实"的工作格局。三是市本级、各县（市、区）均将创建工作经费纳入本级财政预算中，为百色市铸牢中华民族共同体意识示范市创建工作提供资金保障，各县（市、区）安排创建专项资金，为创建工作的有序开展提供了资金保障。四是制定印发关于百色市铸牢中华民族共同体意识示范市创建工作系列文件，健全完善创建工作机构机制，实行目标责任管理，建立创建工作网络，加强组织协调，及时研究、部署和推进全市创建活动有效开展，推动民族团结进步工作深入开展，形成党委统一领导、政府依法管理、统战部门牵头协调、民族工作部门履职尽责、各部门通力合作、全社会共同参与的工作格局。

（四）深挖特色亮点打造品牌，深化民族团结进步创建工作内涵

一是在拓展载体上，以百色市铸牢中华民族共同体意识示范市创建工作为抓手，按照进机关突出"作表率"，进企业突出"聚合力"，进乡镇（街道）突出"强服务"，进村（社区）突出"连民心"，进学校突出"育德才"，进宗教活动场所突出"促和谐"，进连队（军警营）突出"鱼水情"，进易地扶贫搬迁安置点突出"惠民生"，进景区突出"铸融合"，进家庭突出"树美德"的"一进一主题一品牌"创建模式，做优做实民族团结进步创建"十进"活动，不断提升示范引领作用，确保创建工作达到覆盖面广、扎根基层的目的。二是在布局选点上，结合百色市区位特点，继续深化"铸牢中华民族共同体意识三带四线五基地"的工作格局。三是在宣传教育上，开展建设铸牢中华民族共同体意识示范区暨促进各民族交往交流交融"三项计划"宣传月活动，召开"赓续瓦氏夫人抗倭精神，建设铸牢中华民族共同体意识示范区"研讨会、陀螺邀请赛和爬坡杆展演活动、各民族原生态山歌展演活动、桂滇沿边民族工作联建带协议签订仪式等"和谐桂滇黔，共建示范区"为主题的桂滇黔三省区 10 市州各民族文化互鉴交融系列活动，不断促进各民族广泛交往交流交融，动员全市各族群众积极参与铸牢中华民族共同体意识示范区建设。百色市开展铸牢中华民族共同体意识示范市"互观互帮互学"活动，通过分片区现场考察和集中研讨，认真分析形势，交流经验，围绕红色历史篇章、边界东盟国家跨国篇章等方面作为引导深挖特色亮点，推进创建百色市铸牢中华民族共同体意识示范市。

二、牢记领袖嘱托，赓续红色血脉，全面推进"四个家园"建设

（一）赓续百色起义红色血脉，全面建设各民族文化融合发展的中华民族共有精神家园

一是建立健全宣传教育常态化机制。以百色起义纪念园等系列红色

文化阵地为依托，进一步发挥园区爱国主义教育基地——百色起义纪念馆、百色铁路地区红色教育基地2个国家级民族团结示范基地的示范带动作用，讲好瓦氏夫人为国抗倭的历史佳话、乐业百坭同心文化广场文秀优秀品质，弘扬革命传统、传承红色基因、发扬优秀品质。二是加强党员干部教育。以百色干部学院红色教育平台为核心，整合市县党校（行政学院）和全市干教资源，组建红色教育联盟，建立区、市、县三级培训机构联动工作机制，强化了党员干部"四个与共"的意识。三是加强国民教育。合理设置课程，强化铸牢中华民族共同体意识课堂教学，加大师资培养和培训力度，加强对各学校民族团结进步教育校本课程的统一指导和监督检查，在中小学校举办各类手工画展、演讲（微视频演讲）、诗歌诵读比赛。四是拓展宣传教育阵地。在百色市电视台开设《民族同心圆》栏目、右江日报开设"铸牢中华民族共同体意识示范市"专栏，完成制作"创建铸牢中华民族共同体意识示范市"专题片及同心文化载体宣传视频，设计使用"创建铸牢中华民族共同体意识示范市"图案标识（LOGO），在各县（市、区）轮流开展"创建铸牢中华民族共同体意识示范市"集中宣传日、"一月一活动""互观互帮互学"等丰富多彩、喜闻乐见的活动，实现月月有宣传、宣传有共鸣。五是大力弘扬中华民族传统文化。组织编排制作壮剧、大型民族歌剧、电影、动漫和音乐电影MV、舞台艺术山歌剧、红色音乐题材大型组歌、舞台艺术情景剧等一批文艺作品，开展"我们的中国梦——文化进万家"暨"送文艺精品下基层"文化惠民演出活动，推动各民族文化互鉴交融。六是培育和践行社会主义核心价值观。组建"百姓宣讲团""双语宣讲团""金句热词宣讲团""文艺宣讲团"等，广泛开展"永远跟党走""感党恩 跟党走"群众性主题宣传教育系列活动，深入农家小院、田间地头开展形式多样的宣讲活动，推动中华民族共同体意识"飞入寻常百姓家"。七是全面加强国家通用语言文字教育教学。实施"贯彻一条主线、建立三项机制、完善三项评价体系、突出四大领域、紧盯四类人群、抓好五个结合"的工程，全市 12 县（市、区）要全部通过城市语言文字工作评估和语言文字工作督导评估，全市 90%以上的脱贫人口能使用普通话进行沟通交流，促进了各族群众语言相通、心灵相通，不断铸牢中华民族共同体意识。

（二）贯彻落实乡村振兴战略部署，全面建设各民族共同走向社会主义现代化的共同富裕幸福家园

一是全力实施乡村振兴战略。全面实施乡村振兴、工业振兴、口岸振兴、城镇振兴和科教振兴"五大振兴"和第二产业暨工业振兴、第一产业暨乡村振兴、第三产业暨口岸振兴和科教振兴等"十大攻坚行动"，推动百色经济社会高质量发展取得新突破，推动共同富裕迈出实质性步伐，实现巩固拓展脱贫攻坚成果同乡村振兴的有效衔接。二是改善基本公共服务水平。开展棚户区改造和公租房分配，解决城镇居民住房困难问题。加大教育投入力度，完善教育基础设施建设，确保学前三年毛入园率、九年义务教育巩固率、高中阶段毛入学率均达标。深化医疗改革，确保三二医联体实现县（市、区）全覆盖，医保就医结算实现村级全覆盖，行政村建有公共服务中心，保障行政村农民体育健身工程覆盖率达 100%。三是加大生态保护发展力度。统筹推进山水林田湖草综合治理，实施耕地整治，完成水土流失综合治理，做好矿区复垦，建设绿色矿山，有序推进城镇污水集中处理。

（三）面向东盟服务"一带一路"国家战略，全面建设各民族互嵌融居的守望相助的和谐家园

一是主动融入新发展格局。以服务东盟和开发开放为引领，构建口岸、滇黔桂沿边交往交流交融新平台，力促广西百色重点开发开放试验区、西部陆海新通道和对接粤港澳大湾区建设，增强全市的发展动力与活力。二是主动对接国家战略布局。全面启动广西百色重点开发开放试

验区建设，致力将试验区建成我国与东盟高质量共建"一带一路"的重要平台、辐射带动周边经济发展的重要引擎，建成稳边安边兴边模范区、生态文明建设示范区。三是加强粤桂扶贫协作。深化深圳与百色对口协作，大力开展对口资金帮扶、人才交流、企业帮扶、劳务协作、消费扶贫等。四是积极搭建桥梁，促进各民族青少年沟通交流。深入实施各民族青少年交流计划、各民族互嵌式发展计划、旅游促进各民族交流交往交融计划和西部计划志愿者行动，组织西部计划志愿者深入民族地区开展志愿服务，组织青少年积极开展中华民族文化传播和建设青少年综合服务平台。五是推动接边地区各民族交流交往交融。推动百色干部学院、百色学院、右江民族医学院与东盟国家高校合作共建人才培养基地；构建百色文山桂滇两省（区）五市（州）民族团结进步创建联盟，促进和深化跨省（区）、跨州（市）、跨国、跨境交流合作。

（四）打造中越边境民族团结模范长廊，守好祖国南大门，全面建设各民族共建共治的边疆稳定平安家园

一是牢固树立总体国家安全观。以"边疆平安国家稳定"为主题，推出南部边境强基固边宣传教育示范带、民族团结进步边关永固示范线和对越自卫反击战爱国主义宣传教育基地，通过"边关党建""融合教育""示范带动"活动，坚定边境广大群众维护民族团结和国家统一的信念、构筑永固不倒的边防精神长城，熔铸爱国主义民族精神。二是深入实施兴边富民行动。将铸牢中华民族共同体意识与兴边富民行动紧密结合，深入实施强基固边、民生安边、产业兴边、开放睦边、生态护边、团结稳边六大工程和团结、富裕、文化、法治、生态、智慧六个边疆建设，健全党政军警民"五位一体"合力强边固防机制，确保边疆巩固安宁。三是持续扩大对外开放。继续加快靖西市龙邦边民互市贸易区建设，龙邦口岸扩大开放为国际性口岸并扩大开放那西通道，外贸进出口总额进一步提高；做好全国果蔬绿色专列"百色一号"成功对接

中欧班列，开辟百色特色农产品进入国内、国际市场的大通道；深入开展边境小额贸易全域试点，实现互市贸易集中申报、直通式通车，进出口整体通关时效优于全区平均水平。

习近平总书记指出，只有中国共产党才能实现中华民族的大团结，只有中国特色社会主义才能凝聚各民族、发展各民族、繁荣各民族。我们要始终牢记于心，加强和完善党对民族工作的领导，优化民族事务治理体系和治理能力，进一步把党对民族工作领导的制度优势转化为我国民族工作的实效，共同向着中华民族伟大复兴迈步前行。

第二节　加强民族地区基层政权建设

基层政权是政党政权的根基和国家政权的基石。我国是统一的多民族国家，民族地区基层政权建设是党和国家做好民族工作以维护团结统一大局的重要内容。在 2021 年中央民族工作会议上，习近平总书记强调指出："要加强民族地区基层政权建设，夯实基层基础，确保党的民族理论和民族政策到基层有人懂、民族工作在基层有人抓。"抓紧、抓实、抓好党的民族工作，确保党的民族理论和民族政策在民族地区生根生效，巩固党在民族地区的执政基础和发展党在民族地区的执政力量，需要深入回答"为何抓、抓什么、怎么抓、谁来抓"等基本问题。

一、全面加强民族地区基层政权建设的时代诉求

在民族国家的历史演进中，扩增民族地区的国家认同及政治认同，这是民族国家自身发展规律的历史必然。特别是在中华民族伟大复兴战略全局和世界百年未有之大变局"两个大局"的历史交汇期，我国民族地区基层政权建设的时代诉求，特别是边疆民族地区，比以往历史上

任何时期都更为迫切而强烈地凸显出来。

（一）关乎边疆民族地区的现代化建设

中国经过争取民族独立解放的革命斗争运动后，选择和确立了社会主义制度下的单一制民族国家结构，快速开辟了社会主义现代化强国的正确道路，并在党的十九届五中全会上作出分两个阶段实现全面建设社会主义现代化强国的远景目标和战略安排。多民族是我国的特色，也是我国发展的一个重要动力，应当把民族因素转化为社会主义现代化强国建设的有利因素，以民族地区的现代化和助推国家的现代化。

（二）关乎党在边疆民族地区的全面领导和长期执政

中国共产党在民族地区的领导地位和执政地位是历史发展的必然和各族人民的选择。新中国成立后，在妥善处理民族关系和民族事务的过程中逐渐实现了各族人民的平等权益，保障了各族人民的根本利益和民生福祉，赢得了各族人民对党和国家的认同。从发生的历史性变革和取得的历史性成就来看，坚持党对民族地区的全面领导和长期执政，是民族地区稳定繁荣的根本经验。

（三）关乎中华民族伟大复兴中国梦的实现

近代以来，在中国共产党团结带领中国人民和中华民族进行奋斗、牺牲、创造的历史进程中，我国前所未有地接近民族复兴的梦想。但是，资本主义和社会主义的制度之争、意识形态之争、国际领导权和话语权之争未曾停歇，各种敌对势力也从未停止以民族主义为借口对我国实施西化、分化、黑化的颠覆破坏活动。对此，我们从政治安全高度认识和加强边疆民族地区基层政权建设，积极引导民族地区的干部群众廓清民族主义思潮的错误认识，重视和确保民族地区的政治权力始终牢牢掌握在忠诚、干净、担当的干部手中，掌握在党和人民的手中。

二、全面加强民族地区基层政权建设的宏观指导

（一）实施符合边疆民族政策，稳固民族地区基层政权

中华民族多元一体是先人们留给我们的丰厚遗产，也是我国发展的巨大优势，党中央在各个历史时期制定了符合当时历史环境的民族政策。在新民主主义革命时期，党中央制定了反帝反封建的民族民主革命纲领作为最根本的民族政策，把民族关系与阶级关系、反帝斗争与争取民族平等和自决紧密联系起来，形成和发展民族统一战线，播下了党在民族地区的基层政权种子。新中国成立后，党中央按照"慎重稳进"的方针推进少数民族地区的社会主义革命和建设，采取了"和平改革""和平协商""直接过渡"等多种方式，推动民族地区和少数民族社会内部的社会主义改造，废除各种剥削制度，在民族地区确立了社会主义制度，建立了新型的社会主义民族关系，真正意义上实现了党在民族地区的全面执政。在改革开放进程中，党中央提出"兴民富民"的行动计划，通过强化政府组织领导，广泛动员全社会参与、加大对边境地区的投入和对广大边民的帮扶，并且在全国脱贫攻坚实践场域中实现了民族地区的小康建设，使民族地区与全国一道迈向实现共同富裕的现代化轨道。百色要全面贯彻落实党在各个时期的民族工作政策，结合本地实际创新工作的方式方法，铸牢边疆民族地区共同体意识。

（二）夯实民族地区基层政权，要把民族政策做实做好

党中央长期坚持和不断完善的民族政策，为加快少数民族和民族地区发展提供了重要依据和保障，也给予了我们持续推动党的民族政策落地生根的信念和决心。首先，对党和国家的民族政策要有系统、完整、准确的科学认识。我们既要从民族地区的具体实际把握民族政策的问题导向和问题意识，又要从民族地区与国家现代化发展、世界现代化进程的关系维度把握民族政策的目标导向和价值导向，还要从民族事务治理

的重点和抓手把握民族政策的过程导向和效果导向，形成对党和国家民族政策的自觉认识和科学理解。其次，要把党和国家的民族政策宣传开来、教育到位、引导舆论。通过政策性话语体系的优化创新，把惠及各族人民的民族地区差别化政策、经济发展政策、科教文卫政策、社会保障政策、社会公共服务政策等系列政策讲明白、讲透彻、讲到位，对政策中的热点、焦点、盲点进行及时回应和积极引导，加强民族地区群众对民族政策理性认同。最后，要把民族政策变为实实在在的利民举措和惠民福祉。把政策动力和内生潜力有机结合起来，发挥好中央、发达地区、民族地区三个积极性，优化转移支付和对口支援体制机制，形成对口支援帮扶长效机制。紧扣民生重点，构建多元主体，协同抓好就业和教育、基础设施和社会公共服务建设、资源整合和对外开放、生态保护和环境治理的工作格局，把民族政策用活用实用好，不断稳固基层政权的民心基础。

三、全面加强民族地区基层政权建设的关键举措

我国以治理能力为抓手提高行政效率，兑现党和国家对人民群众的承诺，满足人民群众的需要诉求和期待向往，才能有效而持续地加强基层群众对基层政权的认同和信赖。全面加强民族地区基层政权建设，要切实增强民族地区基层政权的能力。

（一）增强民族地区基层行政执行能力

行政执行能力是保证基层政权履行职能、实现国家意志的重要措施。一方面，推动边疆民族地区各级党委和政府转变行政理念，构建数字化、智能化、一体化的服务型行政治理体系，破除原有行政管理体系的机制弊端和利益藩篱，确保党和国家的民族制度和民族政策下沉到边疆民族地区基层单位，转化为民族地区的治理体系和治理能力。另一方面，根据边疆民族地区实际情况，依法赋予民族地区的乡镇（街道）

行政执法权，对现有执法力量和执法资源进行优化配置，实施智能监管，确保治理服务有效覆盖常住人口。同时，加强对边疆民族地区基层单位的公权监督，防止腐败分子、黑恶势力渗透基层政权，遏止渎职犯罪、职务犯罪侵蚀基层政权。

（二）增强民族地区基层为民服务能力

为民服务能力是满足人民群众对美好生活向往的重要保障，也是体现我们党"以人民为中心"的执政理念和筑牢基层政权民心基础的关键能力。党的民族工作队伍和少数民族干部必须在提升为民服务能力上下真功夫、练真本领。聚焦民族地区民生领域发展不平衡不充分的问题和各族群众的急难愁盼问题，围绕乡村振兴与脱贫攻坚的有效衔接，做好农业产业发展、人居环境建设、医疗卫生机构、乡村卫生健康、社会公共服务供给、市容管理、物业管理、流动人口服务管理、留守儿童、留守妇女、留守老人关爱等事关民生的服务工作、资源调配工作、人才队伍建设工作，持续性加强和提升做好这些工作的科学思维能力和高效工作方式，推动民族地区群众出实招见实效。

（三）增强民族地区基层议事协商能力

基层"有事好商量"协商议事厅的协商议事能力是化解基层社会矛盾、平衡社会利益的重要支撑，是把民族因素与区域因素结合起来处理民族地区基层事务的重要能力。在广泛听取群众关于切身利益的意见和建议基础上，我国依法依规科学决策，将"人民当家作主"落到实处。通过搭建"有事好商量"的协商议事厅，公开确定协商主体以及协商议事会议事先告知、民主协商、纳入决策、决议反馈、过程监督的工作机制，稳步推动人大代表和政协委员履职下沉，联系到镇（街道）、村（社区），参与指导镇村协商议事工作，同时抓好协商结果的实施，常态化推进镇、村协商议事平台运行引导民族地区人民群众树立主体多元、平等参与、协商互动的理念，参与到协商议事、协商办事的合法程序中来，共同为解决民族矛盾、处理民族事务、推动民族繁荣建言献策，为促进民族地区建设发展聚智聚力，共同推进民族事务治理的协商化和民主化。

（四）增强民族地区基层应急管理能力

近年来，我国应急管理工作取得历史性成就、发生历史性变革，"全灾种、大应急"的中国特色大国应急管理体系基本形成。同时，我国应急管理体制改革时间短、基础弱，还存在工作机制不健全和基层监管执法、综合保障、风险防范能力不强等问题，应大力加强基层应急管理能力。应急管理能力是防范化解重大安全风险、及时应对处置各类灾害事故的重要依托，有助于基层政权更好地担负起保护人民群众生命财产安全和维护社会稳定的重要使命。

提升基层应急管理能力，必须着力完善基层应急管理体制。

一是构建综合性应急统筹协调机构。国家加强顶层设计，出台相关文件，明确街乡统一组建应急管理委员会，由街乡党政"一把手"担任领导，同时成立应急站作为应急委的日常办事机构，加挂应急办牌子。应急站（办）平时负责风险防范、应急准备的常态化统筹协调、指导监督的工作，灾时当好党政领导应急决策的参谋助手。村（社区）层面加强党建引领，充分发挥"两委"统领作用。二是推动横纵两方向的整合。横向上，街乡应急站（办）应明确自身综合协调定位，整合力量资源，形成综合性的防救一体化格局；纵向上，县与乡镇街道厘清职责，在权责匹配基础上强化协调联动。县级层面要大力推动应急重心下移、资源下沉、保障下倾，充实应急、消防、安监执法的力量。此外重点完善基层消防组织，建议根据人口、风险等在街乡层面成立消防所，肩负基层防火监督责任。三是理顺条块关系。基层消防所与应急站（办）建立后，要相互配合、明确分工，按照"应急主断，消防主战"的原则，应急主要负责领导和统筹协调，为消防现场指挥与救援提供决策支持和资源保障；按照"地方主建，消防主用"的原则，消防平时负责对"地方队"的管理、训练，灾时要接受应急办所传达的党委政府指令，负责现场调度各种应急力量，指挥紧急处置突发事件。

（五）增强民族地区基层平安建设能力

平安建设能力是加强社会治安防控体系建设的重要工程，推动公共安全治理模式从事后应对向事前防范转型。我国制定出台民族团结进步示范区建设条例、矛盾纠纷多元化解条例等一系列法规，为平安建设提供了坚实的法治支撑。我国全面落实司法责任制，推进执法司法制约监督体系改革和建设，深入开展政法队伍教育整顿，使执法司法公信力不断提升。我国持续加强社会治安综合治理，严厉打击黄赌毒、盗抢骗、食药环、涉枪涉爆等违法犯罪，全力保障群众生命财产安全，坚持严打方针不动摇，打击整治电信网络诈骗犯罪，全面推进社会治安巡逻防控网、城乡社区治安防控网，提升治安要素动态管控、预防打击违法犯罪能力。我国加强国家禁毒大数据智慧边境大数据中心建设的应用，推动智慧安防小区建设，视频监控实现城乡重点区域、主要道路、口岸通道全覆盖，信息化条件下驾驭社会治安局势的能力大幅提升。我国坚持体系推进、突出科技强边、深化军民合作，压实"五级书记抓边防"的责任，实行边境线"五级段长制"，全面推进边境立体化防控设施建设，健全边境联防体制机制，选配联防员入驻边境联防所，基本建成人防、物防、技防相融合的边境立体化防控体系。我国聚焦打赢偷越国（边）境、电信网络诈骗、跨境赌博"三大战役"，常态化部署开展打击整治跨境违法犯罪专项行动，以及非法出入境和走私、贩毒、越境赌博等违法犯罪，维护边境安全稳定。我国坚持关口前移，凡是推出涉及群众切身利益的重大决策，都把社会稳定风险评估作为"前置程序""刚性门槛"，努力使重大决策的过程成为倾听民意、改善民生、化解民忧的过程，最大限度预防和减少社会矛盾的发生。我国深入开展矛盾纠纷大排查大调处，牢固树立"以人为本、服务为先"的理念，坚持寓管理于服务之中，加强对八大类特殊群体的帮扶救助、关心关爱、教育引导，切实保障他们的基本生活和合法权益。我国坚持人民至上、生命至上，增强平安能力建设，重在保障，基层政权既要调处矛盾纠纷，又要组织心理疏导，保障人民群众享有安全稳定的社会环境，统筹强边固防和"一带一路"建设、脱贫攻坚、兴边富民、生态保护等工作，促进边境地区经济社会发展和对外开放，维护沿边沿海地区和管辖海域安全稳定与繁荣发展。

第三节　发挥爱国统一战线法宝作用

中国共产党历来重视发挥统一战线的法宝作用。习近平总书记强调，越是变化大，越是要把统一战线发展好、把统战工作开展好。习近平总书记提出"统一战线是党克敌制胜、执政兴国的重要法宝，是团结海内外全体中华儿女实现中华民族伟大复兴的重要法宝"，进一步指出现在统一战线面临的时和势、肩负的使命和任务发生了某些重大变化。我们要认真领会，切实增强做好统一战线工作、发挥好统一战线法宝作用的思想自觉、政治自觉、行动自觉。

一、深化思想政治引领，做好"凝心"工作

坚持把思想政治引领摆在统一战线工作更加突出的位置，通过深入开展统一战线宣传党的二十大精神活动，支持工商联开展政治交接主题教育、持续开展民营经济人士理想信念教育，在新的社会阶层人士中开展"凝聚新力量、筑梦新时代"的主题教育，指导宗教界人士深入开展"爱党爱国爱社会主义"主题教育，在归侨侨眷中开展"侨心向党"

的主题教育，支持港澳台同胞、海外侨胞等正面发声，加强与党外代表人士联谊交友、谈心谈话，引领广大统一战线成员紧密团结在党的周围，坚定不移感党恩、听党话、跟党走。

二、发挥统战资源优势，做好"聚力"工作

百色市充分发挥统一战线人才荟萃、智力密集、联系广泛的优势，引导全市统一战线的成员心怀"国之大者"，立足本职岗位建功立业，聚焦中心大局献计出力，为全市经济发展增添动力。做好"引"的文章，通过组织考察、参观学习、推介项目的形式，帮助民营企业拓展市场，寻找商机；以缔结友好工商联、建立异地商会为依托，构建辐射全国的招商引资网络，广泛宣传推介百色，引进更多客商来百色红城投资兴业，促进企业回迁、项目回归、资金回流；引导非公经济人士"致富思源、富而思进"，积极踊跃投身光彩事业、慈善事业、公益事业，勇担社会责任，助推经济发展。做好"扶"的文章，健全落实市、县领导联系企业包挂制度，扎实开展领导干部"企业服务年"的活动，深入重点民营企业生产一线，协调解决企业发展融资、项目推进、人才引进等问题；进一步优化非公经济发展环境，鼓励引导非公有制企业自主创新、转型升级，不断提高生产经营效益和市场竞争力。做好"领"的文章，充分发挥台办等部门作用，宣传政策，广交朋友；牢固树立"大侨务"工作理念，推进惠侨项目，广泛凝聚侨心侨力；围绕巩固拓展脱贫攻坚成果同乡村振兴的有效衔接，深入推进统一战线助力乡村振兴主题行动、"万企兴万村"行动等，支持和引导全市广大统一战线成员投身共同富裕的新征程。

三、构建大统战格局，做好"争创"工作

习近平总书记在 2021 年 4 月视察广西时指出："广西是全国民族团

结进步示范区，要继续发挥好示范带动作用。"对此，百色市要加快建成党委统一领导、统战部牵头协调、有关方面各负其责的大统战工作格局，把创建铸牢中华民族共同体意识示范市作为重要工作来抓，及时研究解决"争创"过程中的瓶颈问题；树立"一盘棋"思想，充分发挥好统战工作领导小组的作用，做到职能明确、目标统一、行动一致，齐心协力做好"争创"工作。百色市大力支持和引导开展铸牢中华民族共同体意识示范市，创建一批节、一批舞、一批歌等"十个一"工程，打造出独具特色的"百色模式"，为广西建设铸牢中华民族共同体意识示范区贡献百色力量。

第四节　建设促进中华民族共同体意识发展的外部环境

习近平总书记在 2021 年召开的中央民族工作会议上强调，提升民族事务治理法治化水平，防范化解民族领域风险隐患，推动新时代党的民族工作高质量发展。我国是一个统一的多民族国家，正确处理民族问题始终关系着国家的长治久安。

一、实施兴边富民，增强边民的幸福感和自豪感

（一）加快补齐基础设施和公共服务短板

"十四五"期间，百色市要继续加大对边境地区基础设施建设的投入力度，有序推进公路、铁路、航空等交通基础设施建设，打造边境地区立体交通网。百色市要加快农田水利设施升级的速度、电网改造、扩大新能源使用率、提高网络通信能力，更好地满足边民生产生活需要。大力提升公共服务水平是未来推进兴边富民行动的重点。在教育方面，

百色市要切实把教育摆到兴边富民行动推进的突出位置，加大对边境地区的教育扶持力度，优化教育资源布局；要优化边境地区教育结构，完善边境地区学前教育、义务教育、职业教育体系，全面加强国家通用语言文字教育；逐步提高教师补助水平，建设高素质教师队伍。在医疗、卫生等方面，要加快形成以社会保险、社会救助、社会福利为基础，以基本养老、基本医疗、最低生活保障制度为重点，各种保障制度相衔接的覆盖沿边城乡的社会保障制度体系；要强化基层医疗卫生机构服务能力建设，提高公共卫生建设水平，做好公共卫生安全宣传工作，提高群众健康素养。

（二）不断增强边境地区自我发展动力

边境地区具有参与"一带一路"建设的区位优势，百色市应充分利用国家深化对外开放、加快"一带一路"建设和广西百色重点开发开放试验区发展的契机，大力发展跨境贸易、加工、物流、金融、旅游等跨境产业，将区位优势转变为经济增长的动力。我国要支持边境重点口岸城市发展，将其打造成为"一带一路"开放交流的门户和发展合作的平台，衔接国内国外两个市场的枢纽。一是强化口岸基础设施建设。着重完善海关检验、物流仓储、园区管理等方面的功能。继续提升口岸电子化、智能化和智慧化水平，提升安检等现代化水平，持续促进通关便利化。二是统筹协调口岸功能定位。建立各口岸信息共享平台，对进出口货物、交通工具、集装箱、出入境旅客等数据实现各口岸的信息互通、资源共享。三是围绕边境经济合作区、跨境经济合作区建设，积极承接东中部地区产业转移，打造具有竞争力的优势产业。充分利用国家的优惠政策，根据边境城市区位特点和毗邻国产业结构特点，引导域外资金、技术、人才向边境城市集聚，逐步形成以边合区、跨合区为平台，以龙头企业为主导，配套企业充分发展的优势产业集群，发挥其对整个沿边地区的辐射带动作用。

边境地区边关文化、红色文化、民族文化等文化资源丰富，应抓住国家支持边境地区旅游发展的契机，积极申请试点，建立边境旅游试验区、跨境旅游合作区，将边境地区文化旅游业打造成特色鲜明、优势突出的支柱产业。一是继续完善旅游产业链。充分利用数字经济，构筑线上线下新型多样化的营销模式。充分发掘边境地区民族特色村镇旅游、休闲度假旅游、生态旅游、红色旅游等多样化题材，发展农家乐、民俗旅游度假村、特色村镇等。二是加快边境旅游一体化进程，与毗邻国共同开发客源市场，互为旅游目的地，在旅游发展规划、项目投资、产品设计、产业资源共享等方面进行全面而深入的合作。三是加快传统旅游业向多元化、现代化发展，与文化、教育、体育、医疗、养生、商业等相关产业和行业深度融合。面向国内外市场，开发教育培训旅游、医疗养生休闲旅游、口岸购物旅游、商务旅游等各种特色主题的旅游产品。将服务标准化与个性化相结合，满足多元化的旅游需求，努力将新的商业模式和业态转化为边境旅游业高质量发展的新增长点。

（三）巩固拓展脱贫攻坚成果，全面推进乡村振兴

边境地区巩固拓展脱贫攻坚成果，一要建立多维度的防返贫机制，做好贫困监测工作，为防止返贫提供数据支持。二要关注特殊困难群体，如50岁以上的脱贫人员、高于贫困线的低收入群体、特殊类型地区的群体等。三要强化产业帮扶和就业帮扶。我们要发挥企业在解决就业中的重要作用，产业扶持、就业培训要与企业需求相结合。发挥对口支援、东西部协作的作用，鼓励东部地区企业到西部民族地区投资建厂。四要调动全社会力量。我国引导、鼓励企业和社会组织创新形式，积极参与边境地区发展。

我国要积极探索实践城乡融合发展新模式、新路径，加快边境地区乡村振兴。我国要统筹规划城乡基础设施建设、公共服务供给，不断提高农村的基础设施和公共服务水平，建立城乡人才双向流动的新机制，

改革人才培养模式，激励、鼓励、支持更多的高素质人才加入农村建设队伍。我国要重点培养本地人才，最大限度地发挥本地人才的优势，拓宽大学生"村官"、选调生、特岗计划等人才向乡村流动的渠道，根据新进人才的能力和特点，将其分配至合适的岗位。我国要建立城市发展反哺农业农村的机制，建立农村人员赴城市培训的机制，加快双向流动、学习和培养，有效提升乡村人才质量。我国通过持续实施固边兴边富民行动，让边民过上幸福美好的生活，不断增强边民安居边境的幸福感和为国守边的自豪感，落实稳边固边，实现强边固防。

（四）提高兴边富民行动政策的有效性

我国要加强政策研究，让兴边富民行动政策更好地服务于边境地区经济社会的发展。一是建立和完善兴边富民行动监测管理体系，开展对边境地区经济社会发展状况的监测，不断规范信息的采集、整理、反馈和发布工作，及时准确地反映边境地区经济社会发展状况，为各级政府科学决策提供依据。二是加强兴边富民行动科研能力建设。发挥民族院校、边疆地区高校和相关科研机构的作用，不断加强对兴边富民行动战略研究以及政策实施情况的调研、分析，建设一支基础好、能力强、有思想、能吃苦并且由学术带头人带领、梯次分布合理、有较强科研能力的学术队伍，为推进兴边富民行动提供学术支撑。

二、坚决防范民族领域重大风险隐患

推进新时代党的民族工作，必须以实现中华民族伟大复兴为出发点和落脚点，着力防范化解民族领域重大风险隐患，时刻保持警醒、打好主动仗，坚决守住不发生区域性风险的底线。我国要切实维护政治安全，认真贯彻总体国家安全观，严密防范和坚决打击境内外敌对势力渗透颠覆破坏、暴力恐怖、民族分裂、宗教极端的活动。我国要守好意识形态阵地，积极稳妥处理涉民族因素的意识形态问题，健全地方报刊、讲座论坛、讲义教材等审核管理制度，完善联合引导管控机制，形成有利于铸牢中华民族共同体意识的正能量、主旋律、好声音。我国要健全防范处置机制，加强涉民族因素突发事件应急体系建设，坚持多部门联动、多渠道预警、多策略应对，确保风险隐患防范在先、发现在早、处置在小。我国要紧紧抓住铸牢中华民族共同体意识这个"纲"，把铸牢中华民族共同体意识贯穿于民族工作全过程的各方面，不断巩固中华民族共同体思想基础。当各族人民牢固树立休戚与共、荣辱与共、生死与共、命运与共的共同体理念，中华民族大家庭中像石榴籽一样紧紧抱在一起时，我们就能做到"不管风吹浪打，我自岿然不动"，就没有任何困难能够难倒我们。我国要切实提升防范化解风险的能力；要全面落实总体国家安全观，全面推动反恐维稳法治化常态化，坚决维护国家政治安全；要坚决守住意识形态阵地，严格落实意识形态责任制，牢牢掌握意识形态工作领导权；要全面贯彻党的宗教工作基本方针，积极引导宗教与社会主义社会相适应。

三、强化责任意识，确保边境地区巩固安宁

百色市改革发展任务艰巨，特别是新冠疫情带来的不确定因素增多，边境地区做好意识形态工作显得尤为重要。

（一）强化政治责任，推动边境地区意识形态工作责任制落地落实

各级党委要把意识形态工作纳入各级领导干部考核中，作为干部提拔晋升的重要参考依据。将意识形态工作与边境地区市县乡村"四级书记守边负责制"和网格化服务管理制度有效衔接，强化压力传导，严格落实责任。我国建立健全边境地区意识形态风险监测评估预警体系，综合施策做好热点问题引导；健全应急处突工作体系，积极稳妥处置突发性风险。我国落实属地管理和主管主办责任，加强督促指导，管好建优百色市各类宣传思想文化平台，巩固边疆意识形态阵地。

（二）推动文化塑边，增强边民民族凝聚力和向心力

各级党委政府主管部门要积极推动边境地区开展非物质文化遗产资源普查、记录、整理、入库，尽快摸清非物质文化遗产资源，梳理与周边国家跨境共享的非遗项目清单。推动加强跨境重点文化遗产保护，试点构建边境地区非物质文化遗产保护带，做好南北丝绸之路文化遗产广西段、铜鼓文化遗产、那文化遗产等跨境重点文化遗产项目保护工作。探索推动与周边国家开展非物质文化遗产联合保护行动。在守住文化安全底线的基础上，促进中国文化对外传播，讲好中国故事。推动边境地区深入实施中华优秀传统文化传承发展工程，积极倡导边民过好中国传统节日，并以春节、元宵节、中秋节等中国传统节日为重点，深入开展传统节日文化活动，打造边境地区少数民族"陀螺节""苗年""盘王节"等节庆品牌，引导边民在积极参与节庆活动中体验传统节日文化的氛围，增进文化自信。丰富和满足边境居民教育文化生活需要，积极推动在边境一线重点自然村试点打造文化塑边"五个一"工程（建设一个文化活动中心、打造一项文化富民项目、抢救收集整理一批少数民族古籍、编写一本反映边境历史的村史、建立一支文化队伍），加强爱国主义教育，增进"五个认同"，铸牢中华民族共同体意识，不断增强民族凝聚力和向心力。

四、高质量共建"一带一路"

习近平总书记提出了"共建丝绸之路经济带"和"21世纪海上丝绸之路"重大倡议。"一带一路"倡议顺应时代潮流，秉持共商共建共享的原则，弘扬开放包容、互学互鉴的精神，坚持互利共赢、共同发展的目标，奉行以人为本、造福于民的宗旨，经过多年努力，"一带一路"建设成果丰硕。共建"一带一路"正在成为我国参与全球开放合作、改善全球经济治理体系、促进全球共同发展繁荣、推动构建人类命

运共同体的中国方案。

（一）积极推动互联互通

习近平总书记强调，我们希望同"一带一路"沿线国家加强合作，实现设施联通、贸易畅通、资金融通、政策沟通、民心相通，共同打造开放合作平台，为地区可持续发展提供新动力。共建"一带一路"，关键是互联互通，建设互联互通，不仅是修路架桥，不光是平面化和单线条的联通，而且更应该是基础设施、制度规章、人员交流"三位一体"的联通，应该是政策沟通、设施联通、贸易畅通、资金融通、民心相通五大领域。这是全方位、立体化、网络状的大联通，是生机勃勃、群策群力的开放系统。我国要打造全方位的互联互通，推动形成基建引领、产业集聚、经济发展、民生改善的综合效应。

（二）不断扩展合作领域

我国稳妥开展健康、绿色、数字、创新等新领域合作，培育合作新增长点，着力深化环保合作，践行绿色发展理念，加大生态环境保护力度，携手打造"绿色丝绸之路"；着力深化医疗卫生合作，加强在传染病疫情通报、疾病防控、医疗救援、传统医药领域互利合作，携手打造"健康丝绸之路"；着力深化人才培养合作，倡议成立"一带一路"职业技术合作联盟，培养培训各类专业人才，携手打造"智力丝绸之路"；着力深化安保合作，践行共同、综合、合作、可持续的亚洲安全观，推动构建具有亚洲特色的安全治理模式，携手打造"和平丝绸之路"。我国加强基础设施"硬联通"以及规则标准"软联通"，拓宽贸易和投资合作渠道，积极发展丝路电商，共同开辟融合发展的光明前景，实施好科技创新行动计划，加强知识产权保护的国际合作，打造开放、公平、公正、非歧视的科技发展环境。

（三）持续夯实高质量发展根基

我国深化政治互信，发挥政策沟通的引领和催化作用，探索建立更多合作对接机制，推动把政治共识转化为具体行动、把理念认同转化为务实成果；深化互联互通，完善陆、海、天、网"四位一体"互联互通布局，深化传统基础设施项目合作，推进新型基础设施项目合作，提升规则标准等"软联通"水平，为促进全球互联互通做增量；深化贸易畅通，扩大同周边国家贸易规模，鼓励进口更多优质商品，提高贸易和投资自由化、便利化水平，促进贸易均衡、共赢发展，继续扩大三方或多方市场合作，开展国际产能合作；深化资金融通，吸引多边开发机构、发达国家金融机构参与，健全多元化投融资体系；深化人文交流，形成多元互动的人文交流大格局。我国培育人工智能、大数据、数字金融、电子商务、绿色能源等领域新增长点，着力再打造一批高标准、可持续、惠民生的优质项目，推动各方合作再上一层楼，合力绘就精谨细腻的"工笔画"，共同实现高质量发展。

参考文献

一、专著

[1] 丹珠昂奔. 民族工作方法论［M］. 北京：民族出版社，2016.

[2] 国家民族事务委员会. 中央民族工作会议精神学习辅导读本［M］. 北京：民族出版社，2014.

[3] 中共中央文献研究室. 习近平关于社会主义政治建设论述摘编［M］. 北京：中央文献出版社，2017.

[4] 国家民委研究室. 新时代民族理论政策问答［M］. 北京：民族出版社，2019.

二、期刊

[1] 贺萍. 铸牢中华民族共同体意识的多维考量［J］. 新疆社科论坛，2021（10）.

[2] 王涛，祁文卓，李亚欧. 铸牢中华民族共同体意识路径探究［J］. 乌鲁木齐职业大学学报，2021（11）.

[3] 吴景双. 河北省民族地区社会治理的历史经验［J］. 中共石家庄市委党校学报，2021（12）.

[4] 陈永胜. 立德树人培根铸魂夯实铸牢中华民族共同体意识教育

基础——深入学习习近平关于加强和改进民族工作的重要思想［J］．民族高等教育研究，2021（11）．

［5］普永贵，余文兵．驻地部队参与民族团结进步创建：云南藏区的实践与经验［J］．云南民族大学学报（哲学社会科学版），2020（12）．

［6］刘玲．兴边富民行动与民族团结进步［J］．云南师范大学学报（哲学社会科学版），2020（12）．

［7］凌绍崇．论百色起义精神的科学内涵［J］．百色学院学报，2010（11）．

［8］毛公宁．关于深入贯彻落实民族区域自治法的思考［J］．广西民族研究，2014（12）．

［9］周伟．民族区域自治法解释案例实证问题研究［J］．西南民族大学学报（哲学社会科学版），2002（11）．

［10］张新友．增强"五个认同"推进新疆民族团结［J］．中共伊犁州委党校学报，2016（12）．

［11］李俊清．铸牢中华民族共同体意识的理论内涵与实践路径［J］．中国民族教育，2021（11）．

［12］郭益海．新疆铸牢中华民族共同体意识的意义、内涵与路径思考［J］．实事求是，2021（11）．

［13］乔秀丽，张文龙．习近平总书记关于民族工作重要论述的理论意涵与价值旨归［J］．新疆社科论坛，2020（10）．

［14］孔亭．新时代铸牢中华民族共同体意识的重要意义［J］．辽宁省社会主义学院学报，2018（10）．

［15］杨卫敏．统战思维与解决民族问题的中国智慧——习近平民族思想研究［J］．统一战线学研究，2017（11）．

［16］平维彬．互嵌与交融：马克思主义交往理论视野下的民族互

嵌式社区建设［J］．江苏大学学报（社会科学版），2018（10）．

［17］朱西括．习近平关于铸牢中华民族共同体意识重要论述的逻辑探析［J］．广东省社会主义学院学报，2021（10）．

［18］高进．铸牢新疆各民族中华民族共同体意识［J］．新疆社科论坛，2020（10）．

［19］田建荣，司建．铸牢中华民族共同体意识的诠释学理路——来自汉斯-乔治·伽达默尔的分析视角［J］．青海社会科学，2021（12）．

［20］杨松禄，蒲跃．云南建设各民族共有精神家园论析［J］．中共云南省委党校学报，2016（12）．

［21］丹珠昂奔．习近平关于新时代民族问题的重要论述［J］．青海民族研究，2018（12）．

［22］王锐．新时代党的民族工作理论创新实践［J］．赤峰学院学报（哲学社会科学版），2018（10）．

［23］杨文顺，高路．云南民族文化多样性与和谐社会构建互动关系研究［J］．云南行政学院学报，2011（12）．

［24］张继艳．推动文化自信与铸牢中华民族共同体意识"双向互动"［J］．广西民族师范学院学报，2021（12）．

［25］白帆．铸牢中华民族共同体意识的法治保障［J］．西部蒙古论坛，2020（11）．

［26］吴景双．河北省民族地区社会治理的历史经验［J］．中共石家庄市委党校学报，2021（12）．

［27］张峰．习近平总书记关于民族工作重要思想探微［J］．湖南省社会主义学院学报，2018（10）．

［28］丹珠昂奔．中华民族共同体意识的概念构成、内涵特质及铸牢举措［J］．民族学刊，2021（01）．

［29］于丽芬，王星予．新时代中华民族共同体意识的概念内涵、要素分析与实践逻辑研究［J］．西部学刊，2021（07）.

三、报纸

［1］马国伟．打造铸牢中华民族共同体意识教育的示范高地——以中央民族大学的实践为例［N］．中国民族报，2021-01-05.

［2］李秀．铸牢中华民族共同体意识 切实增强"五个认同"铸牢中华民族共同体意识［N］．内蒙古日报，2021-05-17.

［3］杨福忠．铸牢中华民族共同体意识［N］．光明日报，2021-09-01.

［4］马伟华，顾旭琛．在实现共同富裕中 铸牢中华民族共同体意识［N］．中国民族报，2021-12-02.

［5］李学仁，等．习近平在西藏考察时强调全面贯彻新时代党的治藏方略谱写雪域高原长治久安和高质量发展新篇章［N］．人民日报，2021-07-24（1）.

四、论文

［1］周鹏．中华民族共同体建设的理论与实践研究［D］．济南：山东大学，2022.

［2］李娜．中华民族共同体意识研究［D］．泰安：山东农业大学，2021.

［3］方良雅．习近平关于中华民族共同体意识的重要论述研究［D］．广州：广州中医药大学，2021.

［4］白凡．习近平关于青年国家认同的重要论述及其时代价值研究［D］．桂林：广西师范大学，2021.

［5］王雅琴，新时代少数民族干部教育培训研究［D］．兰州：兰

州大学，2021.

　　[6] 王苗苗. 以中华文化提升中华民族共同体意识研究 [D]. 兰州：兰州大学，2019.

　　[7] 龚志祥. 新中国民族政策过程及实证研究 [D]. 北京：中央民族大学，2006.

　　[8] 侯耀宗. 少数民族地区青少年乡土情怀培育研究——以广西龙胜各族自治县为例 [D]. 桂林：桂林电子科技大学，2021.

　　[9] 张怀鑫. 一个城市民族团结进步示范区创建的经验研究——基于小西湖社区的"田野"观察 [D]. 兰州：兰州大学，2021.

后 记

    本书完稿，过程之艰辛，从确定选题、论证选题到收集材料再到提笔撰写，再而反复地进行论证修改，近日方才得以完稿交付出版社。本书主要由百色学院马克思主义理论学科研究人员黄兴忠、黄梅珍、徐魁峰分工协作完成，其中黄兴忠主要负责第一、第二、第三章的撰写任务，徐魁峰主要负责第四、第五、第六章的撰写任务，黄梅珍主要负责第七、第八章的撰写任务。书稿整整历时两年时间完稿，其过程之艰辛唯有编者自知。值得一提的是，此书在写作过程中得到了百色市政协干部黄日德的协助，为本书收集整理了大量的原始材料，为本书提供了翔实的论据，使得本书更加有力。当然，为了写好本书，我们还参考和引用了相关学者和有关部门的数据资料，在此不能一一列举，唯有深表歉意和深深的谢意。

    百色学院马克思主义学院立足边疆民族地区革命老区实际，深耕边疆民族地区革命老区进行社会经济发展研究，我们的研究只有开始没有终点，本书的完稿只是一个开始，未来我们将携手研究团队一如既往地深入研究，为服务百色社会经济发展做出更大的贡献。

作者